KB097877

술맛 나는 세계사

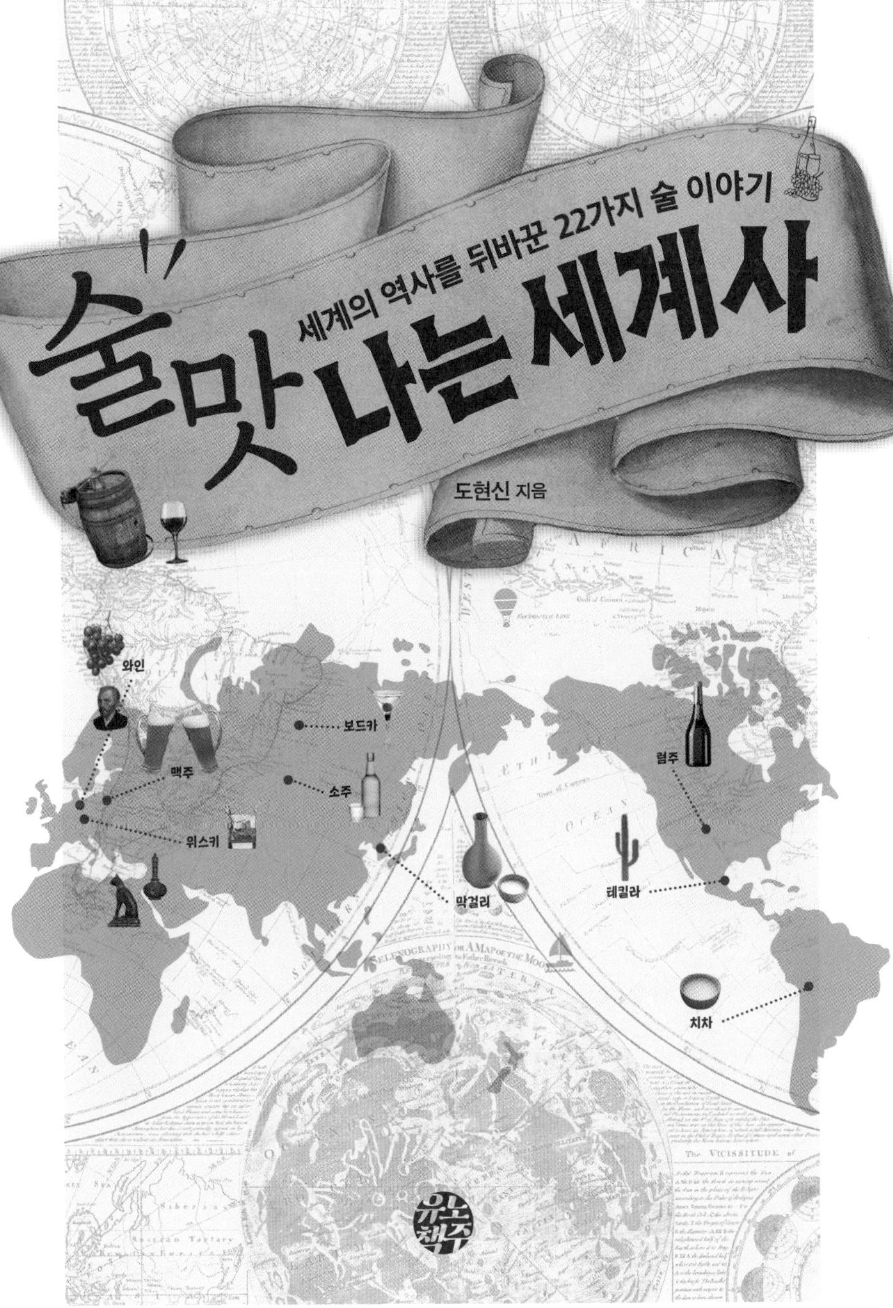
세계의 역사를 뒤바꾼 22가지 술 이야기
술맛 나는 세계사
도현신 지음
와인
보드카
맥주
소주
럼주
위스키
막걸리
테킬라
치차
유노책주

들어가며

술의 역사는
곧
인류의 역사다

와인 한 모금을 마시는 것은
인류 역사라는 강물 한 방울을 음미하는 것이다.

클리프턴 파울 파디만(Clifton Paul Fadiman)

인류는 언제부터 술을 마셨던 걸까? 놀랍게도 인류는 아득히 먼 옛날의 석기 시대에서부터 술을 만들어 마셨다. 물론 지금과 같이 발달한 증류 기술은 없었지만, 그래도 자연적으로 발효되는 포도나 벌꿀 같은 재료로 술을 만들었다. 사실 인류가 탄생하기 전부터 술이 존재했을 가능성이 높다고 역사학자들은 말한다.

인류가 있는 곳에는 언제나 술이 존재했다

메소포타미아와 이집트로 대표되는 고대 문명의 시대가 열리면서 본격적으로 술의 시대도 시작되었다. 수메르인, 바빌론인, 이집트인은 보리와 포도를 발효시킨 맥주와 포도주를 일상에서 즐겨 마셨고, 그런 술의 제조 기술을 이웃인 그리스인에게 가르쳐 주었다.

척박한 자연환경에서 살아가던 그리스인은 포도주를 디오니소스 신이 준 선물이라고 여기며 즐겨 마셨고, 그리스를 정복한 로마인에 의해 포도주와 맥주가 유럽 전역으로 널리 퍼지게 되었다. 다만 날씨가 추워서 포도를 재배하기 어려웠던 북유럽에서는 보리를 발효시킨 맥주와 벌꿀을 발효시킨 벌꿀술을 마셨다.

로마가 망한 이후로 지중해를 지배했던 아랍인은 술을 금지하는 이슬람교를 믿었다. 하지만 술을 마시고 취해서 일상의 고통과 근심을 잊으려는 인류의 욕망은 아랍인에게도 예외가 없었고, 포도주나 맥주보다 도수가 훨씬 높은 증류주인 아라크를 만들어 마셨다.

아라크를 만드는 증류주 제조 기술이 아랍의 이웃인 유럽으로 퍼지며 브랜디, 럼주, 위스키 같은 도수 높은 증류주들이 서서히 모습을 드러냈다. 13세기에 들어서는 중동을 정복한 몽골군에 의해 고려와 중국 등 동양으로도 그 제조 기술이 전파되며 도수 높은 증류주인 소주가 탄생했다.

유럽의 뱃사람들은 쉽게 상하는 물 대신 럼주를 즐겨 마셨고, 이 술을 그들과 교류하던 아메리카 대륙의 원주민에게도 전해 주었다. 불행하게도 그곳 원주민은 간의 알콜 분해 효소가 유럽인보다 적어서 알콜 중독에 더 취약했고, 럼주 같은 독한 증류주를 마시다가 그만 건강을 망치고 삶의 터전도 빼앗기고 말았다.

유럽의 비서구권 정복이 한창 진행되던 19세기와 20세기 초반에 걸쳐 위스키와 맥주 같은 유럽의 술이 동양에 전파되었다. 그중에서 가장 인기가 높은 것은 위스키였고, 이를 서양의 술이라는 뜻인 양주라 불렀다. 다만 맥주와 위스키는 매우 비싸서 일반인들이 즐겨 마시기까지 꽤 오랜 시간이 걸렸다.

1960년대에 들어 한국 정부는 주식인 쌀을 아낀다는 명분을 내걸고, 이제까지 마셔 오던 쌀을 발효시킨 막걸리 대신 고구마에서 뽑아낸 싸구려 주정으로 만든 희석식 소주를 마시라고 강요했다. 이렇게 시작된 현대 한국의 술 문화는 현재까지 계속 이어지고 있다.

이처럼 술의 역사는 곧 지구에서 살아온 인류의 역사이며,

술을 아는 것은 인류의 발자취를 아는 것과도 같은 일이다.

못 쓰면 평생의 독
잘 쓰면 인생의 약

중국 속담에 "술은 사람의 인생을 망치지만, 세상의 모든 문제를 해결할 수도 있다"라는 말이 있다. 술을 지나치게 많이 마시면 건강을 해치지만, 적당히 마신다면 인간관계를 원활하게 만들고 삶의 즐거움을 주기도 하는 등 약이 되기도 한다는 말이다.

지금도 이 땅 위의 누군가는 술을 마시고 있을 것이다. 그리고 내일 아침, 해가 뜨고 술이 깬 뒤에도 사람들은 다시 술을 마실 때를 기다리며 살아갈 것이다.

이 책은 우리 인생과 떼려야 뗄 수 없는 관계인 술이 사람들에게 조금이나마 유익하게 쓰이길 바라는 마음을 담아 썼다. 술에 얽힌 흥미로운 에피소드에 관심이 있는 사람부터 세계사를 배우고 싶지만 어려워 보여 도전하지 못했던 독자들까지, 이 책을 통해 역사를 바라보는 새로운 관점을 얻고 주변 사람들과 안주를 나눠 먹듯 함께 지식을 나누게 되길 바란다.

도현신

차례

3장 | 삶을 위로하기 위해 생긴 술
문화와 사회

WESTERN HEMISPHERE OR THE NEW WORLD
NORTHERN ICY OCEAN
NORTH PACIFIC OCEAN
NORTH AMERICA
ATLANTIC
WESTERN OCEAN
PACIFIC OCEAN OR GREAT SOUTH SEA
PACIFIC OCEAN
SOUTH AMERICA
SOUTHERN ICY OCEAN
Equinoctial Line
Antarctic Circle
Tropic of Capricorn

· 1장 ·

신을 홀린 매혹적인 술의 탄생

종교와 신화

진실은 늘 술 속에 있다

하인리히 욘 리케르트 Heinrich John Rickert

지금의 인류는 맥주 덕분에 살아남았다?

맥주

지금으로부터 5,300여 년 전, 이라크에는 수메르(Sumer) 문명이 자리 잡고 있었다. 수메르는 그보다 700여 년 전에 존재한 이라크 남부의 고대 도시 우루크(Uruk)의 문명을 이어받았다.

우루크에 살았던 사람들은 보리를 발효시켜 만든 술인 맥주를 즐겨 마셨는데, 우루크의 후손이라고 할 수 있는 수메르인도 조상들의 풍습을 이어받아 맥주를 좋아했다. “맥주를 모르는 사람은 무엇이 좋은지 모른다”라는 수메르 속담을 보면 그들의 맥주 사랑이 어느 정도 수준이었는지 짐작할 만하다.

맥주를 마시는 수메르인을 묘사한 점토판
소장처: 독일 베를린 고대 근동 박물관

노아의 방주 속에도 맥주가 등장한다?

기원전 4000년경 우루크에서 만들어진 점토판에는 《구약 성경》의 뿌리이자 인류 역사상 가장 오래된 서사시라 여겨지는 《길가메시 서사시》가 적혀 있다. 《길가메시 서사시》는 친구를 잃고 영원한 생명을 찾아 헤맨 길가메시의 여정을 다룬 설화 모음집으로, 여기에서 노아의 방주 전설의 원형인 '우트나피쉬팀의 홍수 전설'이 언급된다.

어느 날 고대 도시 슈루파크(Shuruppak) 출신의 인간인 우트나피쉬팀은 수메르의 일곱 지배 신 중 한 명이자 물의 신인 엔키에게 신들이 대홍수를 일으켜 지상의 모든 생명체를 절멸시킬 계획을 하고 있다는 이야기를 듣는다.

현명했던 우트나피쉬팀은 일이 벌어지기 전에 미리 몸을 숨길 수 있는 방주를 만드는데, 그 과정에서 홍수가 난 것처럼 많은 양의 포도주와 맥주를 노동자들에게 대접했다고 한다.

이렇게 신화에도 등장할 만큼 맥주는 오래전부터 사람들이 즐겨 마신 술이었다.

6,000년 전의 맥주는 지금과 어떻게 다를까?

수메르 문명을 이어받은 바빌론 사람들 역시 맥주를 좋아했다. 바빌론에서 맥주를 만드는 방식은 현대의 맥주 제조법과는 약간 달랐는데, 수메르에서도 바빌론과 비슷한 방식으로 맥주를 만들어 마셨을 것이라 추측한다.

바빌론에서는 껍질을 벗기지 않은 보리를 여러 번 물에 적셔 햇볕이 잘 드는 곳에 두고 싹이 틀 때까지 기다렸다. 그리고 보리에 싹이 나면 깨끗한 물에 넣어 끓인 뒤 발효될 때까지 기다렸다가 마셨다.

발효가 끝난 맥주에 밀가루를 넣어 다시 발효를 시키기도 했는데, 보리를 직접 끓여 발효시키면 꽤 많은 시간을 기다려야 했기에 아예 보리로 만든 빵을 불에 굽고 그 빵에 효모를 넣고 끓여서 맥주를 만들기도 했다. 이렇게 만든 맥주는 맛과 농도가 지금보다 더 진하고 걸쭉해서 마치 죽과 같았다.

수메르와 바빌론에서는 맥주를 각자의 컵에 따라 마시는 방식이 아닌, 맥주가 담긴 항아리에 갈대로 만든 빨대를 넣고 여럿이 함께 빨아 마시는 방식을 선호했다.

고대 수메르에는 술집도 많았다. 여기서는 주로 오랫동안 불에 구운 생선 요리를 안주 삼아 먹었는데, 이를 마스쿠프(masgouf)라고 불렀다.

로마 시대와 아랍 시대를 지나 현대에 이르기까지 여전히 많은 이라크인이 마스쿠프를 즐겨 먹는다. 비록 이라크 지역 사람들이 믿는 종교는 과거와는 달라졌지만 조상들의 식문화는 여전히 보존하고 있는 셈이다.

신이 선물한 음료

기원전 2200년경에는 바빌론의 이웃인 이집트인도 맥주를 만들어 마시기 시작했다. 맥주를 마셔 본 이집트인은 금세 그 맛에 깊이 빠져들었고, 맥주의 원료가 되는 보리를 나일강 인근에서 재배하면서 맥주 생산과 소비에 나섰다.

이집트인은 풍요와 저승의 신인 오시리스가 인간에게 맥주 양조법을 가르쳐 주었다고 믿었다. 오시리스가 보리죽을 끓이다가 잠시 자리를 비웠는데, 돌아와 보니 보리 반죽 덩어리가 발효되어 맥주가 되었다. 오시리스는 자신을 숭배하는 인간들에게 이를 나눠 주었고, 이때부터 인류가 맥주를 알게 되었다는 것이다.

이집트 신화에 맥주와 관련한 이야기가 하나 더 있다. 고대 이집트의 주신(主神)이었던 태양신 라는 어느 날 죄지은 인간 무리를 벌하기 위해 전쟁과 파괴의 여신인 세크메트를 지상에 내려보낸다. 세크메트는 지나치게 난폭해져 인간들을 무수히 살육했고, 지상을 온통 피바다로 만들었다.

이때 라는 인류를 구원하기 위해 작은 지혜를 낸다. 맥주가 담긴 항아리 7천 개를 땅에 뿌린 것이다. 그것을 본 세크메트는 정신없이 맥주를 마셨고, 그가 취해서 잠들어 버리는 바람에 인류가 살아남을 수 있었다고 한다. 이집트인이 태양신 라, 풍요의 신 오시리스, 사랑의 여신 하토르 등등 신을 숭배하는 제사에서 맥주와 빵을 제물로 올린 이유이다.

이들은 맥주를 주관하는 신도 따로 두었는데, 여신 테네니트를 맥주를 주관하는 신으로 믿고 존경하며 양조장에서 좋은 맥주가 만들어지길 기도했다.

고대 이집트인의 맥주 마시는 모습
소장처: 독일 베를린 노이에스 박물관

밥 대신 맥주를 마신 사람들

이집트인이 얼마나 열렬히 맥주를 사랑했느냐 하면, "오랫동안 맥주를 마시지 못해서 창자가 지푸라기처럼 바싹 말라버렸다. 이제 창자가 가득 찰 때까지 맥주를 실컷 마실 테다"라는 환호성이 벽에 새겨진 글귀에서 언급되었을 정도였다.

이집트 사회에서 맥주는 군인과 노동자, 농민 등 서민들이 주로 마셨던 대중적인 음료였다. 왕족, 귀족, 사제 같은 상류층은 포도주를 더 선호했다. 이들은 맥주를 마시더라도 서민들과 차별을 두기 위해 꿀이나 과일즙을 넣어 달콤하고 부드럽게 마시는 방식을 선호했다.

이집트 벽화에는 농부들이 보리를 수확해 빵을 굽고 맥주를 빚는 모습이 무수히 그려져 있다. 1922년 영국의 고고학자들이 기원전 1318년에 이집트를 통치한 투탕카멘 왕과 의붓어머니 네페르티티를 섬기는 사원을 발굴했는데, 맥주가 담겼던 흔적이 남은 항아리를 약 1천 병이나 발견했다. 이 유물들을 통해 그 시대에 이미 맥주를 다섯 종류로 세분화해서 제조했다는 사실을 알아냈다.

맥주가 인기 있었던 만큼 양조장도 많았다. 특히 히에라콘폴리스*와 아비도스**가 맥주 양조의 중심지였다. 세계에서 가장 오래된 것으로 추정되는 대량 생산 양조장 역시 아비도스에서 발굴되었는데, 이 양조장에서는 한 번에 2만 2천 리터의 맥주를 생산할 수 있었다고 한다.

이집트인이 마셨던 맥주의 알코올 도수는 약 5~6도 수준이었다. 당시 맥주에는 지금과 달리 불순물이 많았지만, 무기물이나 비타민, 단백질과 같은 영양분 또한 풍부해서 맥주로 한 끼를 해결하기도 했다.

또한, 나라를 지키는 병사들에게 쇠고기와 거위 고기, 빵, 과자, 맥주를 의무적으로 지급했다. 그래서 빵을 만드는 제빵업

* Hierakonpolis, '매의 도시'라는 뜻으로 현재 이집트 남부의 아스완 근처에 위치

** Abydos, 고대 이집트 왕국 초기의 묘지 도시

자들이 병영 내에 병사들과 함께 머물렀으며, 병사들은 그들에게서 빵과 함께 맥주를 받아 마셨다.

각종 공사 현장에서 일하는 노동자들도 빵과 맥주를 즐겼다. 이집트에서 발견한 파피루스 문서에는 피라미드 건설에 동원된 노동자들이 “신에게 드리는 제사 때처럼 맥주를 실컷 마셨다”라고 말한 기록이 남아 있다. 여기에서 ‘완벽하게 만족한 사람의 입은 맥주로 가득 채워져 있다’라는 고대 이집트의 속담이 유래되었다.

고대 이집트에서는 화폐가 사용되지 않았기 때문에 노동자들에게 임금 대신 맥주를 지급하기도 했다. 기자의 피라미드를 짓는 데 동원되었던 노동자 2만여 명은 아침, 점심, 저녁으로 나누어 하루에 총 세 번 맥주를 배급받았다. 점심 배급은 정오를 지난 늦은 오후에 이루어졌는데, 정오에는 기온이 너무 올라서 일을 하지 않았기 때문이었다. 이집트 노동자들은 날씨가 비교적 서늘한 아침이나 해가 진 오후에 맥주를 마시며 일했고, 정오 무렵에는 낮잠을 자거나 쉬었다.

유럽은 언제부터 맥주를 마셨을까?

고대 그리스의 문학이나 예술 작품을 보면 주로 와인이 등장하지만, 사실 그리스에도 맥주가 있었다. 이집트인이 자신들과 교역하던 그리스에게 맥주의 제조법을 전수한 것이다. 그리스에서는 맥주를 지토스(zythos)라고 불렀으며, 이를 로마인, 켈트족, 게르만족에게 전파했다.

켈트족과 게르만족은 그리스·로마인과 달리 포도주보다 맥주를 더 좋아했는데, 여기에는 지리적인 영향이 매우 컸다. 포도는 춥고 서늘한 날씨 때문에 재배하기 어려웠던 반면, 맥주의 재료인 보리는 서늘한 기후에서도 잘 자랐기 때문이다.

게르만족은 일상에서 맥주를 거의 물처럼 마셨는데, 이들이 살던 북유럽 지역은 물에 석회가 섞여 있고 수질이 좋지 않아 물을 그대로 마시기보다는 보리와 물을 끓여서 만든 맥주가 더 건강에 좋았기 때문이다.

게르만족 만큼이나 맥주를 많이 마신 켈트족은 "훌륭한 사람의 집에는 반드시 맥주가 있어야 한다"라는 격언까지 남겼다. 또한, 아일랜드에 살던 켈트족의 신화를 기록한 신화집《에린 침략의 서(Lebor Gabála Érenn)》에는 대장장이의 신 고이브뉴가 신들에게 영원히 늙지 않고 젊음을 누릴 수 있게 해 주는 에일을 나눠 주었다는 이야기가 등장한다.

오늘날 유럽의 맥주가 맛있는 이유

476년 서유럽을 통치하던 서로마 제국이 무너지고 게르만족이 서유럽에 정착하면서 중세 시대가 시작된다. 맥주 문화는 이때부터 본격적으로 전 유럽에 정착했다.

중세 시대에는 기독교 수도원에서 맥주의 생산과 판매가 이루어졌다. 당시 전쟁에 휩쓸리지 않고 안정적으로 기술 연구를 할 수 있던 곳은 수도원뿐이었다. 수도사들은 맥주, 포도주, 치즈 같은 음식들을 만들어 민간에 전파하는 데 큰 역할을 했다. 지금도 편의점에서 만날 수 있는 벨기에의 레페나 독일의 파울라너와 같은 맥주도 중세 시대의 수도원에서 탄생한 맥주이다.

14세기 무렵, 유럽에서는 보리 말고도 콩이나 귀리, 밀 같은 잡곡을 맥주에 섞기 시작했다. 특히 보리맥주보다 목 넘김이 좋았던 독일식 밀맥주(바이스비어)가 크게 유행했는데, 높은 인기로 주식인 빵을 만들 밀가루가 부족해지자 제빵업자와 양조업자 간에 갈등이 빚어졌다. 또, 보리를 재배하던 농부들은 보리가 잘 팔리지 않아 손해를 본다며 불만이 많았다.

그러자 1516년 4월 23일, 독일 바이에른 공국의 군주인 빌헬름 4세가 '맥주 순수령'을 공표했다. 맥주에 보리와 홉, 물을 제

16세기 유럽의 맥주 빚는 양조장

외하고 다른 어떠한 재료도 넣지 못하도록 금지한 것이었다. 1871년부터 독일 전역에서 맥주 순수령을 받아들였고, 이 때문에 독일에서는 지금도 이 법안을 엄격하게 지키는 양조장들이 많다. 독일 맥주가 세계적으로 명성이 높은 이유이다.

시간이 흘러 산업혁명이 이루어진 1876년에는 독일의 화학자 카를 폰 린데가 암모니아를 냉매로 이용해 인공적으로 온도를 낮추는 냉장 기술과 냉장고를 개발했다. 또한 같은 해에 프랑스의 생물학자 루이 파스퇴르가 낮은 온도로 세균을 죽이는 저온 살균 기법을 맥주에 도입했다. 오랫동안 맥주를 보관하면서도 본래의 맛과 품질을 지킬 수 있게 된 것이다.

이처럼 맥주가 발전할 수밖에 없었던 지리적 특성과 함께 제도와 과학 기술의 발전이 뒷받침되었기에, 유럽의 각국은 자신들만의 개성을 가진 훌륭한 맛의 맥주를 만들어 낼 수 있었다.

부자들만 마시던 맥주가 국민 술이 된 과정

한국에서는 언제부터 맥주를 마셨을까? 구한말인 1886년에 일본에서 들여온 삿포로 맥주가 한국인이 최초로 마신 맥주이다. 그리고 1933년 일본 기업인 대일본맥주가 서울 영등포에 조선맥주 회사를 설립하면서 조선에서도 맥주를 생산하기 시작했다.

일제 강점기 시절 조선 인구의 약 80퍼센트는 농민이었다. 이들은 낯선 술인 맥주보다는 오래전부터 마신 막걸리를 더 선호했다. 당시 맥주는 지금처럼 누구나 마실 수 있는 값싼 술이 아니라 부유한 상류층들이 마셨던 고급술이었다.

고건 전(前) 국무총리의 회고에 등장하는 박정희 전 대통령의 일화를 보면 맥주가 얼마나 비싼 술이었는지가 잘 드러난다. 그가 교사로 지낼 당시 동료들과 함께 맥주가 마시고 싶었지만, 가격이 너무 비싸 맥주와 막걸리를 반반씩 섞어서 마셨다고 한다. 당시 중산층이었던 교사들에게도 맥주는 부담스러운 술이었다.

1945년 한국은 일제의 지배에서 완전히 해방되었지만, 맥주는 여전히 대중에게 친숙한 술이 아니었다. 남한은 1969년까지 북한보다 1인당 국민 소득이 더 낮았을 만큼 가난했기 때문에 '비싼 술'이라는 인식이 강했던 맥주보다는 싸고 마시면 배부른 막걸리가 서민들에게 더 사랑받았다.

대한민국 제3공화국에서 '양곡관리법'을 시행했을 때도 맥주의 위치는 변하지 않았다. 이 시대에는 주식인 쌀을 아껴야 한다며 쌀로 술을 빚는 것을 금지했고, 막걸리 판매 역시 큰 타격을 받았다. 그러나 막걸리의 빈자리는 맥주가 아니라 고구마로 만든 싸구려 희석식 소주가 차지했다. 1960년대와 1970년대에도 맥주는 여전히 높으신 분들이 마시는 술이라는 이미지가 강해서 서민들이 쉽게 손을 대기가 어려웠다.

한국에서 맥주가 대중화된 시기는 1980년대부터였다. 당시 한국은 낮은 유가와 높은 취업률을 기록한 이른바 '3저 호황' 덕분에 사람들의 주머니가 두둑했고, 이때부터 서민들도 맥주를 마실 수 있었다. 국산 맥주는 야구 경기장이나 한강 공원 등 서민들의 쉼터에서 빠질 수 없는 단골 음료가 되었다.

그러나 1990년대부터 외국 맥주가 수입되기 시작했고, 이를 맛본 소비자들은 "국산 맥주는 외국 맥주에 비하면 맛이 밍밍하고 탄산수 같다"라며 불만을 토로했다. 이는 맥주를 운송할 때 온도 관리가 잘되지 않았고, 술집에서 맥주를 담는 용기와 파이프 청소를 게을리해서 빚어진 문제였다. 국산 맥주를 향한 한국인의 불만은 한동안 계속되었다.

2000년대에 한국의 경제적 수준이 크게 향상되면서 외국 맥주만큼 맛있는 고급 국산 맥주를 만들려는 움직임이 일었다. 2020년대부터는 외국인 소비자들도 호평하는 국산 맥주가 하나둘씩 시장에 나오기 시작했다. 국산 맥주가 지금처럼 계속 발전한다면, 국산 맥주와 외국 맥주가 서로 어깨를 나란히 할 날을 기다려 볼 만하다.

성경에 포도주가 441번이나 등장하는 이유

포도주

포도주(와인)는 맥주와 더불어 오래된 역사를 지닌 술이다. 《구약 성경》과 그 모티브가 된 수메르 신화에서 맥주와 함께 포도주가 등장했으며, 《신약 성경》에서 예수가 가장 처음 일으킨 기적 역시 가나의 혼인 잔치에서 물을 포도주로 바꾼 것이었다.

포도주가 본격적으로 유럽 전역에 퍼진 시기는 로마가 기독교로 개종하면서부터다. 고대 서구 문명의 모태가 된 그리스에서 로마 제국에 이르기까지 포도주는 많은 이에게 사랑받은 술이었다.

포도주의 역사는 왜 이토록 오래되었을까? 과거의 기록을 보면 포도나무의 재배는 기원전 6천 년에서 기원전 4천 년 사이의 시기에 고대 메소포타미아와 이집트에서 시작됐다고 한다. 포도주는 포도나무와 함께 등장했을 것으로 추측하는데, 야생에서 자란 포도가 발효되면 사람의 손길이 없어도 저절로 포도주가 만들어지기 때문이었다.

축제 때만 마실 수 있었던 특별한 술

포도주는 고대 이집트에서도 즐겨 마셨다. 그러나 이집트의 서민들은 주로 맥주를 마셨고, 포도주는 왕족이나 귀족이 즐겨 마신 귀한 술이었다.

이러한 포도주를 서민들도 마음껏 마실 수 있는 날이 있었다. 바로 이집트인이 사랑의 여신으로 숭배했던 하토르 여신의 축제 날이었다. 포도주의 여신이기도 했던 하토르를 숭배하는 축제는 술이 주된 목적인 '만취의 축제'였다.

이 시기가 되면 이집트인은 하토르 여신을 섬긴다는 구실로 사원에서 제공하는 맥주와 포도주를 취할 때까지 자유롭게 마셨다.

기원전 1500년경 포도주를 만드는 이집트인들(빨간색 네모 표시 참고)

그리스에서 맥주보다 포도주가 더 인기 있었던 이유

그리스에서는 언제부터 포도주를 마시기 시작했을까? 그리스 지역에 포도나무의 재배법이 알려진 건 기원전 3천 년 무렵이다. 이들은 이집트와 페니키아와 교역하는 과정에서 포도나무의 재배법을 배운다. 그리스 남부의 크레타 섬에서 시작된 포도 농사는 그리스 전 지역으로 퍼졌고, 부산물인 포도주는 그리스인이 가장 사랑하는 술이 된다.

포도주는 그리스 사회 전반에도 막대한 영향을 미치는데, 여기에는 지리적인 배경이 있었다. 대부분이 산악 지형이었던 고대 그리스 지역은 서구인의 주식인 밀을 재배하기에 적합하지 않았다. 그러나 포도는 경사지에서도 잘 자랐기에 그리스에서 재배하기 좋았다. 이들은 포도주를 만들어 타국에 수출했고, 그 대가로 밀을 수입해 식량 문제를 해결했다.

그리스인은 대개 포도주를 항아리에 담아서 보관했다. 이때 소나무에서 채취한 송진을 항아리 안에 가득 발랐는데, 항아리의 숨구멍을 통해 포도주가 증발하는 사태를 막기 위해서였다. 보관 과정에서 송진이 섞인 포도주는 몹시 끈적끈적해졌고 소나무 특유의 향이 함께 났는데, 이를 '레치나(Retsina)'라고 불렀다.

송진이 섞이지 않았더라도 고대 그리스의 포도주는 지금의 포도주와 달리 농도가 진하고 잼처럼 매우 찐득했다. 그리스인은 포도주 원액을 그대로 마시면 야만인이라고 여겼는데, 물로 희석하지 않은 상태에서는 알코올 도수가 너무 높았기 때문이다. 실제로 스키타이족*이나 켈트족 같은 그리스 주변의 이민족은 포도주를 원액 그대로 마셨다.

그리스인 중에서도 이민족의 음주 문화에 영향을 받은 사람이 있었다. 바로 기원전 520년부터 기원전 489년까지 스파르타의 왕이었던 클레오메네스 1세이다. 그는 스키타이족과 친

* 오늘날 우크라이나와 러시아 남부 지역을 거점으로 활동했던 고대의 이란계 유목민족

포도주의 신인 디오니소스와 그를 섬기는 여성 신도

분을 쌓으며 그들처럼 포도주를 원액 그대로 마시는 습관을 들였다. 매번 독주를 마신 클레오메네스 1세는 끝내 알코올 중독에 걸렸고, 정신 이상 증세까지 보이며 비참한 죽음을 맞는다.

토론과 함께 오고 간 포도주 한잔

고대 그리스에는 성인 남자들이 하나의 주제를 두고 포도주를 마시며 토론하는 심포지엄(symposium)이라는 문화가 있었다. 소크라테스나 플라톤과 같은 철학자들도 심포지엄에서 의견을 나누고 자신의 사상을 발전시켰다.

이때 포도주에 물을 적게 타서 알코올 도수를 높이기도 했다. 술이 완전히 깰 때까지 토론을 멈추지 않았기 때문에 더 오랫동안 토론을 즐기려고 일부러 독한 술을 찾아 마셨다. 사실 심포지엄이라는 단어의 어원 역시 '함께(sym) 마시다(pinein)'라는 말에서 유래했다고 한다.

기적의 순간엔 언제나 '이것'이 있었다

유대인도 포도주를 무척 좋아했다. 유대교 신앙의 핵심인 《구약 성경》에도 포도주가 등장한다. 《구약 성경》의 〈창세기〉를 보면, 방주를 만든 노아가 대홍수를 겪고 살아남은 이후 포도주를 만드는 농부가 되었다는 내용이 있다.

또한, 《구약 성경》의 〈신명기〉에서 유대인은 "야훼(하나님)가 준 율법을 지킨다면 그들의 땅에서 포도주가 풍성하게 되리라"라는 예언을 듣는다. 유대인에게 포도주는 풍요와 번영의 상징이었다.

《신약 성경》의 〈요한복음〉에는 가나의 혼인잔치에 참석한 예수의 이야기가 나온다. 이때 예수는 포도주가 떨어져 잔치를 주최한 측이 곤란해지자 여섯 개의 항아리에 물을 채우게 한다. 그리고 그것을 포도주로 바꾸는 기적을 일으킨다. 이는 유대인의 결혼식에서 포도주가 빠질 수 없는 귀중한 술이었음

항아리에 담긴 물을 포도주로 바꾸는 예수

을 보여 준다.

레오나르도 다빈치의 작품 덕분에 전 세계에 널리 알려진 〈최후의 만찬〉에서도 포도주가 등장한다. 예수는 죽기 전날 제자들을 모아 연 마지막 만찬에서 포도주가 자신의 피라고 이야기한다. 기독교에서는 이때부터 포도주를 '신의 피를 상징하는 신성한 술'이라고 여기며 즐겨 마셨다. 이러한 이유에서인지 《성경》에는 자그마치 441번에 걸쳐 포도와 와인에 대한 이야기가 등장한다.

포도주를 만드는 중세 유럽인들

유럽인의 일상에 꼭 필요한 음료가 되다

그리스의 뒤를 이어 지중해 세계를 지배한 로마 제국은 380년에 '테살로니카 칙령'을 선포해 기독교를 국교로 삼는다. 이때부터 기독교가 사회를 지배하는 중세 시대가 시작되고, 기독교에서 신성하게 여긴 포도주 역시 유럽인의 일상에서 빠질 수 없는 음료가 된다.

기독교의 성직자들은 예배에 참석한 신자들에게 포도주를 나눠 주었고, 아이들을 포함한 모든 연령층이 이를 정성스럽게 마셨다. 중세 유럽에서는 미성년자가 술을 마시는 것을 금지하지 않았기 때문이었다. 더군다나 유럽은 물에 석회가 많이 섞여 있어서 그대로 마시기가 거북했고, 물을 정수시켜 만든 포도주를 마시는 편이 건강에 더 좋기도 했다.

동양에도 포도주가 있었다고?

기원전 2세기 무렵, 중국 전한 왕조의 사절단인 장건이 지금의 우즈베키스탄에 위치한 페르가나 지역을 방문하면서 포도나무 묘목을 중국으로 가져온다. 역사학자들은 이때부터 동양에서도 포도주를 마셨다고 본다.

그렇다면 한국에서는 언제 처음으로 포도주를 마셨을까? 이는 고려 말엽이라고 추정한다. 기록을 보면 고려인이 원나라에서 포도주를 들여와 마셨다는 이야기가 있는데, 당시 두 나라는 왕성히 교류하며 여러 방면에서 영향을 주고받았다.

고려의 역사서인 《고려사절요(高麗史節要)》를 보면 1298년 9월 원나라에서 고려의 충렬왕에게 포도주를 선물로 보냈다는 기록이 있다. 또한 1308년 2월, 원나라에서 무종이 새 황제로 즉위하자 자신을 황제로 옹립하는 데 도움을 준 충렬왕에게 감사의 뜻으로 포도주를 선물했다고 한다.

고려의 시인으로 잘 알려진 이색 역시 자신의 시를 모은 《목은집(牧隱集)》에서 여러 차례 포도주를 언급했다.

자하동 안으로 술병 가지고 들어가서
솔 그늘 가장 깊은 곳 다투어 찾아가니
백설 같은 샘물에 속된 생각 상쾌해지고
하얀 돌 와상 삼아 두 발 뻗고 앉았으매
은 쟁반의 오이는 대나무처럼 새파랗고
옥 술잔엔 초록빛 포도주가 넘실거렸네

〈6월 15일에 향리(鄕里)에서 주연(酒宴)을 베풀고 즐기던 일을 생각하다〉

다행히도 나는 젊고 장성한 날에
이런 태평성대의 조정을 만나니
술잔엔 포도주를 수북이 따르고
차린 음식은 오미로 조리하였네
노랫소리는 빠른 해를 되돌리고
말 기운은 높은 하늘에 닿는구나
촛불 잡고 노는 게 무어 해로우랴
읊는 여가엔 임금님 축수나 하리

〈일을 기록하다〉

그러나 1392년에 고려가 멸망하고 새로 등장한 조선에서는 포도주와 관련한 기록이 매우 적다. 정확한 원인은 알 수 없으나 포도주는 원나라에서 들여온 수입품이었기에 조선에서는 포도주를 수입하기 어려웠던 것으로 보인다.

조선 후기의 문신 이갑이 청나라에 사신으로 다녀온 뒤 편찬한 《연행기사(燕行記事)》를 보면 "서양의 포도주는 빛이 맑고 푸르며 맛이 매우 순하고 향기로우며 또한 아름답다고 한다"라며 포도주가 언급된다. 이갑은 포도주를 직접 맛본 것이 아니라 포도주가 있다는 소문만 들은 것으로 보인다.

조선 시대에 포도주가 전혀 존재하지 않았던 것은 아니다. 조선 후기의 실학자 홍만선이 쓴 《산림경제(山林經濟)》를 보면, 포도나무를 재배하는 방법과 포도주와 관련한 이야기가 간략하게 언급되어 있다.

그러나 막걸리(백주)나 소주에 비하면 포도주는 언급 횟수가 현저하게 적다. 조선 시대 사람들은 쌀로 만든 술을 훨씬 더 좋아했던 것으로 보인다. 이는 외국의 포도 종자보다 한반도에서 자라는 포도 종자(머루 등)의 당도가 그리 높지 않았던 탓이 크다.

귀하신 몸이었던 포도주

포도주는 일제 강점기 무렵이 되어서야 다시 등장한다. 다만 이때의 포도주는 굉장히 비싸고 희귀한 술이었다. 조선의 마지막 황제인 순종 황제도 일왕에게 포도주 한 병을 선물로 받아 마신 것이 전부였다.

해방된 뒤에도 포도주는 여전히 마시기 어려운 술이었다. 부유한 사람들도 위스키나 맥주 정도의 술을 마실 뿐이었다. 시간이 흘러 한국의 경제 사정이 좋아진 이후에도 포도주는 최상류층들만 마실 수 있는 고급술이었다.

포도주는 2000년대에 들어서야 비로소 서민들도 마실 수 있는 술이 된다. 국민 소득이 2만 달러대에 도달하자 대중들의 관심이 쉽게 손을 대지 못하던 포도주로 향했다. 또한, 세계 각국에서 수입해 온 포도주를 대형마트에서 판매하기 시작하면서 포도주는 누구에게나 친숙한 술로 탈바꿈한다.

천재가 되려면 '이 술'을 마셔라?

크바스

오늘날 러시아를 포함한 동유럽 지역에서는 어른과 아이를 가리지 않고 누구나 크바스라는 술을 즐겨 마신다. 크바스는 호밀로 만든 빵을 발효시켜 만드는데, 알코올 도수가 약 1도 정도이다. 술의 범주에 들어가기는 하지만 도수가 낮다 보니 동유럽에서는 크바스를 음료수로 간주한다.

그런데 이 크바스에 얽힌 재미있는 이야기가 동유럽의 이웃 지역인 북유럽 신화에 전해져 오고 있어 한번 소개해 보고자 한다.

오딘이 최고의 신이 된 배경

북유럽, 그러니까 노르웨이와 스웨덴이 포함된 스칸디나비아 반도와 노르웨이의 먼 서쪽인 아이슬란드, 스웨덴의 바로 남쪽인 덴마크와 독일은 금발 머리에 파란 눈과 큰 키를 지닌 게르만족이 사는 지역이다. 이 게르만족은 대략 8세기부터 11세기에 걸쳐 기독교를 믿게 되지만, 그 이전까지는 전통 신앙을 지키고 있었다.

게르만족이 기독교로 개종하기 전에 믿었던 전통 신앙과 그에 관련된 전설들을 통칭하여 이른바 '북유럽 신화'라고 부른다. 그리스 신화로 대표되는 남유럽 신화에 비하면 다소 유명세가 떨어지지만, 북유럽 신화 역시 천지창조에서 종말에 이르는 방대한 규모의 세계관을 가지고 있는 데다 상당히 재미도 있어서 기독교로 개종한 이후에도 게르만족으로부터 꽤 많은 사랑을 받아 왔다.

한국에서는 북유럽 신화라고 하면 매우 낯설게 느껴지겠지만, 2000년대에 미국 할리우드 영화로 개봉했던 〈토르〉 시리즈를 떠올린다면 쉽게 이해가 될 것이다. 영화 〈토르〉 시리즈가 바로 북유럽 신화에 등장한 신들인 오딘, 토르, 로키를 주인공으로 다룬 작품이다.

북유럽 신화는 그리스 신화에 비하면 다소 특이한 구성을 지니고 있다. 그리스 신화에서는 최고의 신인 제우스가 다른 신들보다 훨씬 힘이 강한 것에 비해, 북유럽 신화에서 최고의 신인 오딘은 천둥의 신인 토르보다 힘은 약하지만 그 대신 모든 신들 중에서 가장 지혜롭기 때문에 신들의 왕으로 군림한다. 약한 힘을 가진 오딘이 어째서 최고의 지혜를 갖게 되었는지에 대한 사연이 바로 이번에 이야기할 내용이다.

세상에서 가장 지혜로운 인간을 죽여서 만든 술

북유럽 신화의 원전인 《에다(Edda)》에 의하면 북유럽 신들의 계보는 오딘을 우두머리로 하는 아스 신족, 그리고 바다의 신인 뇨르드와 풍요의 신인 프레이르를 우두머리로 하는 바나 신족 두 가지로 나뉘어져 있다.

이 아스 신족과 바나 신족은 원래 서로를 모르고 살았는데, 굴베이그라는 마녀 한 명이 아스 신족을 방문하면서 비로소 서로의 존재를 알게 된다. 굴베이그는 아스 신족의 앞에서 황금에 대한 탐욕과 집착을 큰 소리로 말했고, 아스 신족은 굴베이그를 혐오하여 그를 불에 던져 죽이려 했다. 헌데 어찌된 일인지 굴베이그는 세 번이나 불 속에 던져져도 멀쩡했고, 아스 신족은 굴베이그가 결코 죽지 않는 불멸의 존재라고 여겨 숭상하기 시작했다.

그 소식을 들은 바나 신족은 아스 신족이 굴베이그가 퍼뜨린 황금의 욕망에 굴복했다며 분노하여 전쟁을 선포한다. 그리하여 두 신족이 전쟁을 벌였는데, 오랫동안 싸웠으나 승패가 가려지지 않았다. 이에 아스 신족과 바나 신족은 전쟁을 끝내기로 합의하고, 화해의 징표로 커다란 항아리 안에다 각자 침을 뱉기로 했다.

신들의 침으로 가득 찬 항아리에 아스 신족이 마법을 걸어 한 명의 인간을 탄생시켰는데, 그가 세계에서 가장 지혜로운 현자인 크바시르(Kvasir)였다. 그는 세상에서 벌어지는 모든 일들과 그 해답을 알고 있었기에, 신들과 인간들 모두가 크바시르를 초대하여 자신들이 가지고 있는 문제에 대한 답을 얻어내려 했다.

크바시르의 명성을 듣고 두 명의 난쟁이 형제인 퍄라르와 갈라르는 심한 질투심을 느꼈다. 둘은 크바시르를 자신들이 사는 동굴로 데려간 다음 칼로 가슴을 찔러 죽였다. 그리고 크바시르의 피를 항아리에 가득 담고 꿀을 부어 술을 만들었다. 세상에서 가장 지혜로운 사람인 크바시르의 피로 만들어졌기 때문에 누구든지 그 술을 마시기만 하면 크바시르만큼 지혜로워지는 효능을 지녔다.

크바시르를 죽이고 나서 퍄라르와 갈라르 형제는 자신들이 지혜로워졌다는 점을 과시하기 위해서 거인 길링과 그의 아내를 자신들의 처소인 동굴로 초대했다.

지혜의 술을 차지하기 위한 다툼

퍄라르와 갈라르 형제는 길링 부부를 초대하여 음식을 대접했는데, 문제는 길링 부부가 거인이기 때문에 난쟁이인 두 형제보다 음식을 훨씬 더 많이 먹는다는 사실이었다.

그들의 끝없는 식탐에 화가 난 퍄라르와 갈라르는 일단 길링을 배에 태워 바다로 데려간 다음 일부러 암초에 부딪쳐 배를 가라앉혔다. 길링의 아내에게는 남편이 죽었다고 알려 주어 동굴 밖으로 나오게 한 뒤 그의 머리 위에 무거운 맷돌을 떨어뜨려 죽였다.

부모가 죽었다는 소식을 들은 길링의 아들 수퉁이 퍄라르와 갈라르 형제를 찾아와 그 둘의 목을 붙잡고 바다로 끌고 간다. 그리고 "내 부모가 죽은 일에 대해서 보상을 하지 않으면 너희 둘을 바다에 내던져 죽이겠다"라고 협박한다. 겁이 난 퍄라르와 갈라르는 수퉁에게 크바시르의 피로 만든 지혜의 술을 줄

테니 살려 달라고 빌었고, 그 말에 욕심이 생긴 수퉁은 두 난쟁이 형제로부터 지혜의 술을 받고 그들을 살려 주었다.

지혜의 술을 자신의 집에 가져간 수퉁은 딸인 군로드에게 그것을 하루 종일 쉬지 말고 지키라고 명령했는데, 문제는 수퉁의 입이 가벼워서 자신이 지혜의 술을 가지게 되었다고 자랑스럽게 떠들고 다닌 것이다.

이 소식을 들은 오딘은 지혜의 술의 원료가 된 크바시르의 피가 원래 자신들이 만든 침에서 비롯되었으니 그 소유권이 신들의 대표인 자신에게 있다고 믿었고, 수퉁이 사는 지역인 요툰헤임으로 떠난다. 우선 오딘은 수퉁의 동생인 바우기를 찾아가서 그의 농장에서 여름 동안 일을 해 줄 테니 그 대신 수퉁이 가진 지혜의 술을 한 모금만 마시게 해 달라고 부탁했다. 바우기는 그 제안에 수락했고, 오딘은 여름 내내 바우기의 농장에서 풀을 베고 말리는 일을 해 주었다.

여름이 끝나자 오딘은 바우기와 함께 수퉁이 지혜의 술을 숨겨 놓은 산으로 찾아갔다. 바우기가 송곳으로 산에 구멍을 뚫자 오딘은 뱀으로 변신해서 그 안으로 들어갔고, 거기서 쉬지도 자지도 못한 채 밤낮없이 지혜의 술을 지키고 있던 군로드를 만났다. 오딘은 젊고 잘생긴 청년의 모습으로 변신해 군로드의 환심을 샀고, 사흘 동안 사랑을 나눈다.

독수리로 변신한 오딘이 항아리에 지혜의 술을 토하는 모습

이후 오딘은 군로드에게 "당신의 아버지가 숨겨 놓은 지혜의 술을 세 모금만 마시게 해 달라"고 부탁했고, 오딘을 사랑하게 된 군로드가 지혜의 술을 가져오자 세 번만에 모두 마셔 버린다. 그 뒤 독수리로 변신해 자신의 처소인 아스가르드의 발할라 궁전으로 날아간다.

이 모습을 본 수퉁은 자신도 독수리로 변해서 오딘을 쫓아간다. 독수리의 모습을 한 오딘과 수퉁 사이에 숨 막히는 추격전이 벌어졌으나, 먼저 독수리로 변한 오딘이 간발의 차이로 발할라 궁전에 먼저 도착하게 된다. 수퉁은 애써 빼앗은 지혜의 술이 오딘에게 넘어가는 것을 안타깝게 지켜보다 결국 돌아가야 했다.

돌아온 오딘은 항아리에 지혜의 술을 모두 토해 내고 보관했다. 그리고 자신의 마음에 드는 다른 신이나 사람을 발견하면 한 모금씩 마시도록 허락했는데, 그렇게 하면 누구든지 평소보다 훨씬 지혜로워짐을 느꼈다고 전해진다.

호밀빵으로 술을 만들다

크바시르 이야기는 게르만족이 그들의 이웃인 동유럽의 주민 슬라브족이 오래전부터 만들어 마셨던 술인 크바스(Kvass)를 보고 만들어 냈다고 추정한다. 그렇다면 크바스는 구체적으로 어떤 술일까?

크바스의 어원은 인도유럽어에서 '신맛이 난다'는 뜻을 가진 크웨스(kwhet)에서 유래했다. 게르만족과 슬라브족 모두 인도유럽어를 사용하는 인도유럽어족에 속하니, 크바스는 그들의 오래된 전통 문화에서 비롯한 산물이었다.

크바스는 주로 호밀로 만든 빵을 발효시켜 만든다. 왜 서양의 주식인 밀로 만든 빵이 아닌 호밀빵을 쓸까? 북유럽과 동유럽은 춥고 척박한 기후라서 밀이 잘 자라지 않았고, 따라서 밀로 만든 빵도 만들기가 어려웠기 때문이다.

반면 호밀은 춥고 척박한 기후에서도 잘 자라서 그러한 기후를 가진 동유럽에서도 수확량이 많았고, 오래전부터 가난한 서민들이 호밀빵을 즐겨 먹었다. 이런 이유로 북유럽과 동유럽에서는 부자들이 밀로 만든 하얀 빵을 먹었고 서민들은 호밀로 만든 검은 빵을 먹었다.

러시아 종교의 시작을 함께하다

크바스에 대한 최초의 문헌 기록은 언제일까? 지금까지 밝혀진 자료에 의하면 러시아 역사상 최초의 국가인 키예프 공국의 군주 블라디미르 1세가 전통적으로 믿어온 종교인 슬라브 다신교를 버리고 동로마 제국에서 들여온 동방 정교회*로 개종했던 996년의 일을 서술한 러시아 문헌인 《원초 연대기(原初年代記)》에서 처음으로 크바스를 언급했다. 이때 블라디미르 1세는 크바스와 벌꿀술을 다른 음식들과 함께 백성들에게 나누어 주며 자신의 기독교 개종을 축하했다고 전해진다.

다만 이는 문헌에 기록된 날짜일 뿐이지 996년에 크바스가 만들어졌다는 뜻은 아니다. 그렇기에 문헌 기록상으로만 보아도 크바스는 그 역사가 1천 년은 족히 넘는, 실로 오래된 술이

* 구교, 신교와 더불어 기독교 3대 교파 중 하나

라고 볼 수 있다.

어떻게 크바스를 만드는가?

크바스를 만드는 방법은 대략 이러하다. 말린 호밀빵과 호밀 맥아를 뜨거운 물에 넣고 열두 시간 동안 끓인 다음, 안에 든 호밀빵을 꺼내고 빵을 만드는 효모와 설탕(또는 꿀)을 섞은 뒤 여섯 시간 동안 발효가 되도록 놓아 둔다. 이때 두 시간마다 잘 저어 주면 여섯 시간 뒤에 약 0.5~2퍼센트의 알코올 농도와 함께 탄산이 생겨난다. 이를 병이나 통에 담아서 하루 동안 더 놓아 두면 발효가 끝나고 비로소 크바스가 완성된다.

다만 일반적으로 크바스는 만들어진 지 7일 안에 빨리 마시는 것을 원칙으로 하고 있다. 크바스를 너무 오래 놓아 두면 알코올 농도가 계속 올라가서 가볍게 마실 수 있는 음료수가 아닌 독한 술이 되기 때문이다. 음료를 오랫동안 보관할 수 있는 냉동과 진공 포장 기술이 발달된 오늘날에도 크바스의 유통 기한은 4~6주에 불과하여 다른 술보다 매우 짧은 편이다.

호밀로 만든 빵을 원료로 삼았기 때문에 크바스의 맛은 순하고 달콤한 맥주와 비슷하다. 다만 러시아인들은 보드카 같은 도수가 높은 술을 즐기기 때문에 크바스를 일반적으로 술이라기보다는 음료수에 가깝다고 인식한다. 크바스는 이러한 특성 덕분에 러시아에서 아이와 어른을 가리지 않고 누구나 즐기는 술이 되었다.

침으로 만든 술을 신에게 바친 나라

치차

현재 페루를 중심으로 남미의 많은 지역을 지배했던 잉카 제국은 1572년 스페인 군대에 정복당하기 전까지 외부와의 접촉이 전혀 없는 고립된 생활을 이어 나갔다. 이 때문에 맥주나 포도주 같은 술 대신, 여성들이 옥수수 알갱이들을 입에 넣고 씹어서 발효시킨 술인 치차를 마셨다.

남미 원주민들의 전통술

치차라는 단어의 정확한 어원은 무엇일까? 여기에 대해서는 여러 가지 견해가 있지만, 가장 유력한 것은 현재 콜롬비아와 파나마에 살았던 원주민인 쿠나(Kuna) 부족의 언어로 옥수수를 뜻하는 단어 치아브(chiab) 또는 발효한 물을 뜻하는 단어인 치치아탈(chichiatl)에서 유래했다는 주장이다.

신대륙의 원주민은 유럽인이 오기 전까지는 도수가 높은 증류주를 알지 못했지만, 술을 전혀 몰랐던 것은 아니었다. 그들은 옥수수 같은 재료를 발효시켜 술을 만들었는데, 특히 오늘날 콜롬비아와 페루, 칠레, 아르헨티나 등 남미 대륙의 넓은 지역을 차지했던 잉카인이 옥수수로 술을 만들었다.

잉카 제국 시대에는 치차가 술집에서 팔리기도 했는데, 치체리아(Chicherias)는 오늘날 맥주를 파는 술집인 호프처럼 치차를 만들어 파는 장소였다. 또한, 콜롬비아에서는 코카인의 원료인 코카 잎이 자라는데, 이 때문에 옛날부터 코카 잎을 치차에 넣어서 마시는 음료인 코카 섹(Coca Sek)이 있었다.

잉카인은 어떻게 치차를 만들었을까?

치차는 1438년부터 1572년까지 남미의 서부 지역을 지배했던 잉카 제국의 원주민으로부터 가장 큰 사랑을 받았던 술이었다. 이 치차는 주로 여자들이 만들었는데, 잉카 여성은 교육 기관인 아클라와시(Aqllawasi)에서 치차를 만드는 기술을 의무적

남미의 전통술인 치차

으로 배워야 했다.

치차를 만드는 방법은 대략 이렇다. 우선 커다란 항아리에 물을 담고 햇빛을 받아 따뜻해질 때까지 놓아둔 다음, 여자들이 옥수수 알갱이를 입에 넣고 침과 함께 뒤섞여 걸쭉해질 때까지 계속 씹는다. 이때 삼키지 않고 계속 씹는 것이 중요하다. 그 이후에 입 안에 담긴 옥수수 알갱이들을 침과 함께 항아리 안에 뱉은 다음, 3~4주일 동안 그대로 두면 발효 작용이 일어난다. 그렇게 발효가 된 액체를 큰 천 위에 붓고 체로 걸러 내어 새로운 항아리에 담으면 치차가 된다.

사람의 침으로 술을 만든다는 방식에 이상함을 느낄 사람도 있겠지만, 곡물이나 다른 전분을 사람이 직접 씹어서 침과 함께 발효시키는 방식은 잉카뿐만 아니라 일본에도 있었다. 일본의 전통술인 사케 중에는 이른바 미인주라고 하여 여자들이 쌀을 입에 넣고 씹다가 침과 함께 그릇에 뱉어서 발효시키는 방식으로 만드는 종류도 있다.

하지만 치차를 반드시 여자들만이 만드는 것은 아니었다. 잉카 제국에서는 귀족 소년이 성인식을 할 때 신들을 섬기는 사원이 세워진 산속으로 성지 순례를 가서 옥수수 알갱이를 입에 넣고 씹어 치차를 만들었다. 그리고 그것을 마심으로써 성인식을 마쳤다.

치차가 신의 갈증을 해결한다는 믿음

잉카인에게 치차는 단순한 술이 아니라 만나는 사람과의 존중과 우정 관계를 증명하는 징표이기도 했다. 16세기 초반, 잉카를 침입한 스페인은 외부인이었기 때문에 잉카인이 치차에 갖는 중요성을 이해하지 못했다.

잉카의 아타우알파 황제는 자신과 만난 스페인 군인들에게 치차를 주며 마시게 했는데, 그들이 실수로 치차를 손과 땅에 흘리자 "너희들이 나를 존중하지 않으니 나도 너희들을 존중하지 않겠다. 당장 여기서 떠나라"라며 크게 화를 냈다. 자신이 주는 치차를 제대로 마시지 않고 다른 곳에 흘리는 것을 자신을 모욕하는 짓이라고 여겼던 것이다.

잉카 황제 아타우알파

또한, 잉카인은 치차를 종교적인 목적으로도 사용했다. 앞서 언급한 대로 잉카인에게 치차는 술 이외에도 존중을 보여 주는 상징물이었기 때문에 신성하게 여겨졌고, 그런 이유로 신들을 섬기는 제사에도 빠지지 않았다.

잉카인은 치차를 만드는 재료인 옥수수가 신들이 인류에게 준 신성한 선물이라고 간주했으며, 특히 가장 위대한 신으로 숭배했던 창조주 비라코차(Wiraqocha)가 생명체를 만들기 위해 땅에 흘린 정액이 바로 치차라고 믿었다.

이런 이유로 잉카의 수도 쿠스코(Cusco)에서는 정기적으로 중앙 광장에 있는 우주의 중심을 상징하는 거대한 석재 계단에 황금 그릇에 담긴 치차를 붓는 의식을 열었다. 그래야 치차가 태양신 인티의 식도로 흘러 들어간다고 믿었기 때문이다.

의식이 끝나면 황제를 비롯한 잉카의 왕족과 귀족들은 광장에 모여 며칠 동안 엄청난 양의 치차를 계속 마시는 축제를 열었다.

인신공양에도 치차가 사용됐다?

멕시코의 아즈텍만큼은 아니지만 잉카인도 가끔 신에게 인간을 제물로 바치는 의식을 열었다. 그럴 때에도 치차가 등장했는데, 먼저 제물로 바쳐질 사람의 몸을 치차의 찌꺼기로 문지른 다음 그가 죽어서 묻힐 무덤 위에 미리 눕게 했다. 그리고 며칠 동안 더 많은 양의 치차를 마시게 하여 잔뜩 취하게 했고, 고통을 느끼지 못하는 상황에서 그를 죽여 제물로 바치고 무덤에 묻었다고 전해진다. 그밖에도 잉카인은 죽은 황제의 미라에 옥수수 가루를 붓고 그 앞에서 춤을 추고 음악을 연주하며 치차를 바치는 의식을 했다.

치차를 좋아한 잉카인은 치차를 담는 용기에도 정성을 들였다. 잉카 제국의 중심지인 페루의 안데스 산맥에는 치차를 담는 케로(qero)라는 잔이 있었다. 케로는 종류도 다양해서 나무 표면에 그림을 새겨 만든 것부터 금이나 은으로 만든 화려한

잉카 왕족이 치차를 마실 때 사용한 것으로 추정하는 컵

것들도 있었다. 신분이 높은 왕족과 귀족은 금과 은으로 만들어진 케로에 치차를 담아서 마셨고, 일반인은 나무로 만들어진 케로에 치차를 담아 마셨다.

케로를 사람의 뼈로 만드는 경우도 있었다. 한 예로 잉카 황제인 아타우알파는 자신이 죽인 적의 두개골을 컵으로 만들어 거기에 치차를 담아 마시기도 했다. 이런 사례는 아타우알파뿐만 아니라 다른 잉카 황제들의 기록에서도 보이는데, 그렇게 함으로써 자신이 적보다 더 강력하고 용맹하다는 사실을 자랑하려 했다. 잉카인은 큰 군사적 승리를 거둔 뒤에 두개골에 치차를 담아 마시며 축하하는 것을 관례로 삼았다.

신에게 감사하며 치차를 마신 콜롬비아

잉카인의 이웃이자 콜롬비아의 원주민인 무이스카족도 치차를 신이 인류에게 준 선물이라고 믿었다. 무이스카족은 현재 보고타의 동북쪽 도시인 소가모소(Sogamoso)에 태양의 신인 수에를 섬기는 사원을 세웠는데, 매년 여름마다 낮이 가장 길어지는 하지(夏至)가 되면 무이스카족 귀족은 풍년을 기원하는 제사를 지내기 위해 사원을 방문했다. 그들은 몸에 여러 가지 색을 칠하고 치차를 잔뜩 마셔 취한 상태로 수에를 숭배하는 행사를 벌였다.

무이스카족의 세계관에서 태양신인 수에는 농작물이 자라는 데에 필요한 햇빛을 주는 매우 중요한 신이었기에, 그들의 주식인 옥수수를 준 수에에게 감사하는 뜻으로 치차를 마시며 제사를 열었던 것이다.

또한 무이스카족은 땅, 운동, 다산의 신인 차쿠엔(Chaquen)을 숭배했는데, 군인과 농부 들은 차쿠엔에게 전투의 승리와 풍성한 수확을 기원했다. 그를 섬기는 축제 기간 동안 무이스카족은 피리와 나팔을 연주하고, 남자와 여자 들이 뒤섞여 손을 잡고 춤을 추고 노래를 불렀으며, 치차를 잔뜩 마셨다.

오늘날에도 우정의 증표로 쓰이는 치차

1572년 잉카 제국이 스페인 군대의 공격을 받고 멸망하면서 페루를 비롯한 남미에는 와인과 맥주와 브랜디 같은 유럽의 술들이 들어오게 된다. 치차는 예전처럼 뜨거운 사랑을 받았던 위치에서 점차 밀려났다.

하지만 스스로 잉카의 후손임을 자처하는 남미의 원주민은 여전히 치차를 마시고 있다. 오늘날에도 페루인은 함께 앉아 술을 마실 때 큰 컵에 담긴 치차를 '어머니 대지(大地)'에 뿌린다. 그런 다음 큰 컵에 담긴 치차를 한 명씩 돌아가며 나누어 마시는데, 이 컵을 돌리는 순서도 각각의 사회적 지위에 따라서 정해진다고 한다. 옛날 잉카 황제 아타우알파가 그랬던 것처럼 치차는 여전히 남미 원주민에게 존경과 우정을 맺는 장치로 남아 있는 셈이다.

고대부터 신과 영웅을 달랜 '황금 술'

벌꿀술

겨울이 길고 혹독한 북유럽에서는 포도가 잘 자라지 않아서 포도로 빚은 술인 와인을 마시기 어려웠다. 그 대신 쉽게 구할 수 있는 재료인 벌꿀을 이용하여 벌꿀술을 만들어 마셨다. 일부 사람들은 옛날 북유럽에서 신혼부부들이 벌꿀술을 마시면서 결혼 생활을 보낸 풍습에서 허니문이라는 영어 단어가 유래했다고 주장한다. 이 주장은 과연 사실일까?

석기 시대부터 존재했던 벌꿀술

허니문의 유래를 살펴보기 전에 일단 벌꿀술에 관련된 정보부터 알아야 한다. 벌꿀술의 역사는 언제 어디서부터 시작되었을까?

이 질문에 정확한 답을 하기는 어렵다. 왜냐하면 벌꿀술의 원료인 벌꿀은 사람이 만드는 게 아니라 자연의 꿀벌들이 꽃으로부터 얻어 오는 것이기 때문이다. 이런 과정에서 돌이나 나무에 쌓였다가 저절로 발효가 되어 술이 되는 경우도 있었다.

이 때문에 벌꿀술은 인류가 최초로 농업을 했던 기원전 12000년부터 기원전 8000년까지의 신석기 시대에 등장했을 것으로 추정한다. 그때부터 인류가 꿀벌을 키워 꿀을 얻는 양봉을 했을 수도 있지만, 그보다는 자연적으로 생성된 벌꿀이 저절로 발효가 되어 술로 변한 것을 마셔 보았을 가능성이 높다.

벌꿀술은 어떻게 만들까? 사실 알고 보면 벌꿀술은 매우 쉽게 만들 수 있다. 적당한 양의 물에 벌꿀을 넣은 뒤에 햇볕에 며칠 동안 놔 두기만 하면 효모가 생기고 발효가 된다. 이렇게 알코올이 만들어지면 그게 바로 벌꿀술이다.

이 과정을 좀 더 자세히 설명해 보겠다. 물 약 2리터와 벌꿀 500밀리리터의 비율에 효모 및 술의 발효 과정에서 발생하는 혼탁함을 없애기 위한 벤토나이트*를 준비한다. 그리고 물에

* 물을 흡수하는 능력이 매우 뛰어난 점토의 일종

벌꿀과 효모를 넣고 25도 내외의 실온에 보관하여 3주 동안 숙성 시간을 거치는데, 숙성을 끝낸 후에는 곧바로 벤토나이트를 넣어 혼탁함을 없앤다. 알코올이 생겨난 벌꿀술을 통이나 병에 넣은 다음 적당한 온도의 불에 살짝 끓여 주면 완성이다.

일반적으로 벌꿀술은 떫은 맛이기 때문에 달콤한 맛의 술을 좋아하는 사람들은 발효 과정에서 설탕을 넣거나 또는 처음 만들 때 벌꿀의 양을 좀 더 늘리면 된다.

아울러 벌꿀술은 와인이 발효되는 온도와 같은 온도에서 잘 발효되며, 효모는 종종 화이트 와인 제조에 사용되는 효모와 같다. 그런 이유로 벌꿀술을 만드는 회사들에서는 벌꿀술을 만드는 데 와인 효모를 사용한다.

여러 신화에서 언급된 벌꿀술

현재까지는 종형 비커 문화 시대**의 유럽에서 만들어진 토기에 남아 있던 벌꿀술의 잔류 샘플이 고고학적으로 발견된 가장 오래된 벌꿀술의 흔적이다.

문헌에서 보이는 최초의 벌꿀술에 관련된 기록은 기원전

** Bell Beaker culture, 기원전 2800년대부터 기원전 1800년대까지 유럽의 초기 청동기 시대

1700년부터 기원전 1100년 사이에 만들어진 인도의 종교인 브라만교의 경전 《리그베다(Rigveda)》에서 언급된 '소마(soma)'와 관련한 찬송가다. 고대 인도인은 소마가 신들이 마시는 술인 동시에 술의 신이라고 믿었는데, 이 소마가 사실은 벌꿀로 만든 술이었다는 것이다. 브라만교를 만든 인도유럽어족은 기원전 2000년 무렵에 현재 러시아 남부와 카자흐스탄에서 살다가 인도로 침입했기 때문에 벌꿀술의 역사는 그보다 더 오래전으로 거슬러 올라갈 수 있다.

고대 그리스의 작가들은 인류의 역사를 황금시대, 은의 시대, 청동의 시대, 영웅의 시대, 철의 시대 등 총 다섯 개로 나누었는데, 가장 오래된 황금시대에는 인류가 벌꿀술을 가장 즐겨 마셨다고 기록했다. 또한 고대 그리스의 철학자인 아리스토텔레스가 그의 저서인 《기상학(Meteorology)》에서 현재 동유럽 알바니아의 해안가에 살았던 부족인 일리리아인의 일파인 타울란티인이 벌꿀을 발효시켜 술을 만들었다고 기록했다.

오늘날 프랑스 남부 도시인 마르세유에 살았던 그리스인 탐험가이자 작가였던 피테아스는 세계의 북쪽 끝에 있다는 신비의 땅인 툴레로 배를 타고 항해를 나갔다. 그러던 도중에 곡물과 꿀이 섞인 음료를 보았다고 언급했다. 일설에 의하면 그것은 현재 영국 웨일즈의 벌꿀술인 메세글린이었고, 피테아스가 웨일즈를 방문하여 메세글린을 마셔 보고 기록을 남긴 것이라고 한다.

영웅들의 곁을 지키다

로마의 작가인 플리니우스는 그의 저서인 《박물지》에서 꿀로 와인을 만들 수 있다고 언급했으며, 스페인의 로마인 농업학자인 콜루멜라는 그의 저서인 《농업론(De Re Rustica)》에서 벌꿀술을 만드는 방법을 이렇게 기록했다.

> 몇 년 동안 보관한 빗물을 가져다가 벌꿀을 섞는다. 도수가 낮은 벌꿀술을 만들려면 0.54리터의 물과 255그램의 벌꿀을 섞는다. 이것들을 40일 동안 햇빛에 노출시킨 뒤에 불 근처 선반에 놓아 둔다. 빗물이 없으면 샘물을 끓여서 벌꿀과 섞어도 좋다.

6세기 무렵에 활동했던 영국의 음유시인 탈레시인은 그가 만든 시인 〈카누 이 메드(Kanu y med)〉에서 벌꿀술을 나눠 주는 건물인 미드 홀(Mead hall)에 모인 전사들이 벌꿀술을 마시는 잔치를 벌이며 압도적인 적들의 공격에 맞서 싸우다 거의 모두가

음유시인의 하프 반주와 시 낭송을 듣고 있는 게르만족 영웅

살해당하는 내용을 묘사했다.

남자들은 아침에 카트라스(Catraeth)로 갔다네
그들의 기분이 좋아 수명이 줄어들었지
그들은 올무에 걸리게 하는 벌꿀술과 황금과 달콤한 술을 마셨네
1년 동안 음유시인들은 즐거웠다네
그들의 검을 붉게 물들이고, 그 칼날은 그대로 두어라
깨끗하지 않은 흰색 방패와 창,
마이앤마이독 윈포어의 부하들 앞에서

이 시에서 언급된 카트라스는 영국의 토착민 켈트족의 일파

인 고도딘족과 5세기 말부터 덴마크 남부 지역에서 배를 타고 북해를 건너 영국으로 쳐들어온 앵글족이 서로 맞서 싸웠던, 600년에 벌어진 '카트라스 전투'를 의미한다. 이 전투에 참가한 고도딘족 전사들은 거의 모두가 죽임을 당하는 치명적인 패배를 입었다. 또한 마이앤마이독 윈포어는 고도딘족을 다스렸던 전설적인 통치자였다.

8세기 무렵에 작성된 영국의 서사시인 〈베오울프(Beowulf)〉에서 덴마크의 흐로드가르 왕은 자신을 섬기는 용사들을 위해 벌꿀술을 나눠 주는 거대한 연회장인 헤오르트를 건설했다. 헤오르트 안에서 흐로드가르 왕과 용사들이 밤새도록 벌꿀술을 마시며 파티를 즐겼는데, 거기서 들리는 소리를 듣고 잠에서 깨어난 괴물 그렌델이 화가 나서 헤오르트를 습격해 용사들을 죽였다. 겁에 질린 흐로드가르 왕과 그의 백성들을 돕기 위해 스웨덴 남부 예이츠족의 왕자인 베오울프가 배를 타고 덴마크에 도착하여 그렌델을 죽이고 나라를 구해 낸다는 것이 서사시 〈베오울프〉의 줄거리다.

벌꿀술이 허니문을 만들었다는 잘못된 믿음

벌꿀술은 영어로 '미드(mead)'라고 불리는데, 미드는 고대 인도유럽어로 '발효시킨 꿀 음료'를 뜻하는 단어인 메두(medu)에서 비롯되었다. 참고로 중국어, 즉 한자로 꿀을 뜻하는 단어인 밀(蜜)은 기원전 2000년부터 9세기까지 중국 신강 자치구 지역에서 살아왔던 인도유럽어 계통의 민족인 토하라인의 언어로 꿀을 뜻하는 단어 미트(mit)에서 가져온 것이다.

이제 가장 처음에 제기한 의문점에 대해 답을 내릴 차례다. 결론부터 말하자면 옛날 북유럽의 풍속에서 신혼부부가 벌꿀술을 마시면서 결혼 생활을 보냈고 거기에서 허니문이라는 영어 단어가 유래했다는 주장은 '거짓말'이다.

사실 서구에서 신혼부부가 함께 휴가를 떠나는 문화는 19세기 초 영국에서 유래되었다. 그러니까 신혼여행이라는 풍습 자체가 생겨난 지 고작 200년이 채 되지 않은 것이다. 아울러 허니문(honeymoon)이라는 단어의 의미는 영국의 작가 새뮤얼 존슨이 만든 옥스퍼드 영어 사전에 다음과 같이 나와 있다.

> 결혼 후 첫 달, 부드러움과 즐거움 밖에 없던 시절. 원래는 한 달이라는 기간에 대해 언급하지 않았지만, 새로 결혼한 사람들의 애정을 보름이 되자마자 지기 시작하는 변화하는 달에 비유했다. 지금은 대개 신혼부부가 집에 정착하기 전에 함께 보내는 명절이다.

신혼여행에서 벌꿀술을 마셨다는 이야기는 전혀 보이지 않는다. 애초에 허니문이라는 단어를 벌꿀술과 연관시켰던 주장은 그저 우연히 단어가 비슷한 점을 들어 억지로 짜깁기한 민간 설에 불과했던 것이다.

그렇다면 신혼부부가 벌꿀술을 마시면서 결혼 생활을 보냈고 거기에서 허니문이라는 영어 단어가 유래했다는 주장은 어디서 나왔을까? 이는 19세기 들어 과거 중세 시대의 역사나 풍습에 대해 무지한 사람들이 "결혼식 후 30일 동안 꿀로 만든 술을 마셨던 튜턴족*의 풍습에서 허니문이 유래되었다"라고 잘못된 말을 한 것에서 비롯되었다. 하지만 이 역시 그 주장을 뒷받침할 어떠한 근거나 자료도 전혀 발견되지 않았기에, 결국 잘못된 낭설이라고 봐야 옳다.

* 고대 게르만 부족 중 하나

왜 프랑스에서는 술을 마실 때 얼굴을 가릴까?

아르마냑

맛있지만 만드는 방법이 너무나 잔인하여 금지시켜야 한다는 논란에 휩싸인 음식이라고 하면 으레 프랑스의 푸아그라(Foie gras)를 떠올리기 마련이다. 거위에게 강제로 먹이를 먹여서 평소보다 간에 지방이 잔뜩 끼도록 만든 다음, 간을 꺼내 불에 구워서 조리하는 푸아그라는 비싼 가격에도 전 세계 미식가들로부터 사랑을 받아 왔다.

그런데 프랑스에는 푸아그라 못지않게 황홀한 맛이지만, 요리법이 너무나도 잔인해 금지시켜야 한다는 논란에 휩싸인 음식이 하나 더 있다. 바로 오르톨랑(Ortolan)이다. 이 오르톨랑이라는 요리를 만들기 위해서는 반드시 브랜디의 일종인 아르마냑(Armagnac)이 들어가야 한다.

독하지만 풍미가 좋은 증류주

아르마냑은 프랑스 남서부 가스코뉴의 아르마냑 지역에서 생산되는 브랜디(증류주)인데, 지역의 이름을 따서 아르마냑이라고 불린다. 일반적으로 아르마냑은 바코 블랑, 콜롬바드, 폴레 블랑쉬, 우니 블랑 등 네 가지 종류의 포도를 섞어서 만든 와인을 증류하여 만들어진다.

아르마냑 못지않게 유명한 프랑스의 브랜디로 코냑이 있는데, 이 코냑과 아르마냑의 차이점은 증류의 횟수에 있다. 코냑은 증류를 두 번 하는데 반해 아르마냑은 증류를 한 번만 한다. 다만 아르마냑은 한 번의 증류를 거치더라도 알코올 함량이 52퍼센트에서 60퍼센트 사이에 달하며, 그런 이유로 이중 증류가 이루어지는 코냑보다 더 향기롭고 풍미가 가득한 증류주로 탄생한다.

증류를 끝낸 아르마냑은 시장에 팔리기 전, 로부르참나무*로 만들어진 오크통 안에 담아 숙성 과정을 거친다. 이 숙성 과정

* 서유럽에서 자라는 유일한 참나무로, 제우스와 토르의 신성한 나무로 여겨졌다.

이 길어질수록 아르마냑의 맛이 더욱 부드러워지고 풍미도 복잡해지며 색깔도 갈색으로 변한다. 오크통 안에서 숙성할 때 증발 현상이 발생하여 알코올과 수분의 일부가 제거되는데, 아르마냑 제조업자들은 이 과정을 가리켜 천사의 몫, 또는 천사의 공물이라는 뜻의 파티 드 앙주(partie des ange)라고 부른다. 아르마냑이 워낙 훌륭하고 맛좋은 술이라서 숙성 과정에서 증발되는 일부분을 천사들이 가져가 마셨다는 농담이 담긴 비유다. 아르마냑의 숙성 과정이 다 끝나면 잔느 부인(Dame Jeanne)이라고 불리는 커다란 유리병에 옮겨서 보관한다.

600년의 역사를 가진 아르마냑

아르마냑은 대략 15세기에서 17세기 사이에 프랑스 남서부의 생 쎄베흐(Saint-Sever)와 몽드마르상(Mont-de-Marsan) 및 에흐-슈흐-라두흐(Aire-sur-l'Adour)의 시장에서 거래되었다. 그러니까 아르마냑은 그 역사가 약 600년이나 거슬러 올라갈 만큼 꽤 오래된 증류주인 셈이다. 다만 아르마냑의 증류에 관한 최초의 기록은 베르사유 궁전 건설로 유명한 프랑스 국왕 루이 14세의 재위 기간인 1646년에야 비로소 보인다.

18세기부터 아르마냑은 프랑스의 화려한 왕궁인 베르사유 궁전에서 왕족과 귀족을 상대로 판매되었다. 입맛이 까다롭기로 유명한 프랑스의 왕족과 귀족들은 아르마냑을 마셔 보고 그 맛에 깊이 빠졌고, 앞다투어 주문하였다. 이렇게 수요가 늘어나자 18세기 말엽에는 원료가 되는 포도를 재배하는 아르마냑 지역이 다른 술을 만들지 않고 오직 아르마냑 제조에만 열을 올리는 지경에 이르렀다.

1789년 프랑스 혁명이 일어나자 이제까지 아르마냑의 주요 소비 계층이었던 프랑스의 왕족과 귀족 대부분은 혁명의 거친 바람에 휩쓸려 목숨을 잃거나 외국으로 망명해야 했다. 그럼에도 아르마냑의 소비는 줄어들지 않았는데, 왕족과 귀족을 대신하여 프랑스의 새로운 지배 계층이 된 부르주아들이 왕족과 귀족을 흉내 내어 아르마냑을 사들이고 맛보는 일에 열중했기 때문이었다. 그리하여 아르마냑은 왕정에서 공화정으로 바뀐 이후에도 계속 프랑스인들의 사랑을 받으며 오늘날까지 존속할 수 있었다.

신에게 들킬 것을 두려워한 맛

아르마냑은 술 그 자체로 마시는 것 이외에 다른 용도로도 많이 사용되는데, 그것이 바로 앞에서 언급한 요리인 오르톨랑

오르톨랑의 필수 재료인 아르마냑

이다.

오르톨랑은 원래 철새의 일종인 회색머리멧새를 달리 부르는 이름인데, 이 새는 유럽과 아시아의 대부분에 서식한다. 몸의 길이는 16~17센티미터이고, 날개를 펼치면 약 23~29센티미터이다. 가을이 되면 오르톨랑은 아프리카로 떠나는데, 이 틈을 노려 프랑스에서는 들판에 그물이나 덫을 설치해서 오르톨랑을 잡았다.

잡은 오르톨랑은 두 눈을 찔러 멀게 한 뒤 새장이나 상자에 가두고 덮개로 위를 덮었다. 그러면 야행성인 오르톨랑은 눈도 보이지 않고 앞이 어두워 낮과 밤을 구분하지 못해 항상 밤인 줄 알게 되는데, 이것을 노려서 기장의 씨앗 같은 곡물이나 포도를 먹이로 주어 마구잡이로 계속 먹도록 한다. 이 과정에서 오르톨랑의 몸은 평소보다 두 배나 커지는데, 이는 좁은 새장이나 상자 안에 갇혀 끝없이 먹이만 먹기 때문에 온몸에 지방이 끼어 부풀어 오르기 때문이다.

약 28일 동안 오르톨랑에게 계속 먹이를 공급해 살을 잔뜩 찌우고 나면, 아르마냑을 가득 담은 통에 산 채로 빠뜨려 죽인다. 이 과정에서 오르톨랑의 몸 전체에 아르마냑이 잔뜩 배어들게 되는데, 죽은 것이 확인되면 건져서 몸의 털을 모두 제거한 이후에 오븐에 넣고 8분 동안 굽는다.

그런 다음 오르톨랑의 머리를 한 손으로 잡고 발부터 먼저 입에 넣고서 부리를 제외한 머리까지 통째로 씹어 먹고 뼈는 입 밖으로 뱉어낸다. 이때 커다란 냅킨이나 수건으로 머리를 덮고 먹는 것이 전통적인 방법이다.

왜 이런 우스꽝스러운 모습으로 오르톨랑을 먹는지에 대해서는 여러 주장이 있다. "원래 오르톨랑은 어느 가톨릭 수도사가 먹었는데, 음식에 지나치게 탐닉하지 말라는 하느님의 계율을 어긴 죄를 들키지 않기 위해서 수건으로 머리를 가리는 것이다"라는 주장과 "오르톨랑을 먹었을 때에 느끼는 향기와 풍미를 최대한 오래 유지하기 위해서이다"라는 주장이 팽팽하게 맞서고 있다.

머리를 가리고서라도 먹을 만큼 오르톨랑의 맛과 풍미가 매우 황홀했던지, 이 음식을 먹어 본 사람들은 한결같이 찬사를 아끼지 않았다.

여전히 오르톨랑을 포기하지 못한 프랑스

1981년부터 1995년까지 프랑스의 제 21대 대통령을 지낸 프랑수아 미테랑은 오르톨랑을 좋아했다. 그는 전립선암으로 죽기 며칠 전인 1995년 새해 전야에 서른 개의 굴과 푸아그라, 카폰*을 먹은 다음 소테른 와인과 레드 와인을 마셨고, 마지막 코스 요리로 두 개의 오르톨랑을 먹었다.

미테랑보다 약 130년 앞서서 프랑스를 통치했던 나폴레옹 3세도 오르톨랑을 즐겨 먹었는데, 1867년 그가 참가한 성대한 만찬에 나온 열여섯 개의 코스 요리에 바로 오르톨랑이 포함되어 있었다.

이처럼 오르톨랑은 전 세계의 부유층에게 사랑을 받는 미식이지만, 만드는 방법이 너무나 잔인한 데다 오르톨랑 요리를 만들기 위해 수많은 오르톨랑을 마구 잡는 바람에 거의 멸종될

* 가지 튀김에 양파와 올리브와 토마토를 곁들인 이탈리아식 채소 요리

상황에 이르른다.

이 때문에 오르톨랑 요리는 1999년 프랑스에서 불법화되었지만 그다지 엄격하게 지켜지지 못했다. 프랑스의 국수주의자들은 "오르톨랑이야말로 프랑스의 영혼을 상징하는 최고의 요리인데, 왜 금지시켜야 하는가?"라고 강하게 반발하면서 오르톨랑을 몰래 잡아 들여 계속 먹었고, 외국의 부유한 상류층들도 오르톨랑의 맛에 반해 처벌받을 것을 감수하고 여전히 오르톨랑을 찾았기 때문이다.

급기야 2007년 9월 프랑스 정부는 오랫동안 무시되어 왔던 오르톨랑 보호 법률을 엄격히 시행하겠다고 발표했으나, 이 발표는 2016년에 다시 반복되었다. 이유야 뻔하다. 오르톨랑의 불법화가 전혀 지켜지지 않은 탓이다.

불법이라는 금기에도 계속 오르톨랑을 찾는 사람들이 있는 현상을 본다면, 맛있는 술과 음식을 먹고 싶다는 인간의 욕망은 결코 없어질 수 없는 본능이 아닐까 하는 조금 씁쓸한 생각이 들기도 한다.

고대 바빌로니아의 법전인 함무라비 법전에는 맥주의 외상과 관련한 이야기가 나온다. 이 법전의 111조에는 '술집에서 60실라(1실라는 0.5리터)의 맥주를 외상으로 주면 곡식 50실라를 받으라'라는 내용이 있다. 가을 추수 때 외상값을 정산하는 것이 관습이었는데, 만약 술의 양을 속여 갚을 경우 물속에 던져 익사시켰다. 이처럼 외상이라는 개념은 고대부터 존재했으며, 이자에 관한 개념도 명확했다.

포도주는 유럽과 이슬람 간의 다툼이었던 십자군 전쟁과도 깊은 연관이 있다. 포도주의 생산지로 유명한 부르고뉴 출신의 교황이 십자군 운동을 시작한 교황 우르바노 2세이기 때문이다. 영국·프랑스의 백년전쟁은 프랑스가 혼인 지참금으로 소유권을 잃었던 와인 산지 보르도를 되찾기 위해 벌인 전쟁이기도 했다. 이 전쟁에서 프랑스를 승리로 이끈 잔 다르크는 부르고뉴 공국의 배신으로 화형당한다.

약(medicine)과 벌꿀술 사이에 밀접한 연관이 있다는 사실을 아는가? 약(medicine)의 어원과 관련하여 여러 가지 설이 존재하는데, 그중에 하나가 벌꿀술로 만든 메세글린(metheglin)에서 유래했다는 설이다. 메세글린은 벌꿀술에 약초와 향료를 넣어 만든 약용 술로, 잉글랜드를 대영제국으로 만든 엘리자베스 1세 또한 메세글린을 즐겨 마셨다고 전해진다.

러시아에서는 크바스를 술로 여기지 않는다. 소련 붕괴 이후 서구 자본과 문화가 대거 유입되면서 콜라와 맥주 등의 음료에 인기가 밀렸던 적도 있었지만, 이후 경제 사정이 좋아지고 민족주의 성향이 강해지자 다시 인기를 얻었고 지금까지 국민 음료의 자리를 지키고 있다. 러시아에 진출했던 코카콜라와 같은 외국 기업들도 러시아에서 사업을 철수하기 전까지 현지화 전략의 일환으로 크바스를 생산했었다.

DEFINITIONS
WESTERN HEMISPHERE OR THE NEW WORLD
NORTHERN ICY OCEAN
BAFFINS BAY
NORTH PACIFIC OCEAN
NORTH AMERICA
ATLANTIC
or
WESTERN OCEAN
Tropic of Cancer
PACIFIC OCEAN OR GREAT SOUTH SEA
Equinoctial Line
SOUTH AMERICA
PACIFIC OCEAN
Tropic of Capricorn
Antarctic Circle
SOUTHERN ICY OCEAN

한 방울의 술이 바꾼 힘과 권력의 지도

전쟁과 교역

술과 인간은
끊임없이 싸우고 화해하는
사이좋은 투사와 같다

샤를 피에르 보들레르 Charles Pierre Baudelaire

대만인의 불안과 공포를 달랜 유일한 안식처

금문고량주

금문고량주는 중화권에서 마오타이와 함께 명품으로 인정받는 고급술이다. 천연 샘물로 만들어 빛깔이 맑고 향긋한 냄새가 난다. 첫맛은 상큼하면서 부드럽고, 뒷맛은 달콤하고 섬세하다. 다만 알코올 도수가 58도나 되는 독한 술이기 때문에 함부로 과음하는 것은 삼가야 한다.

금문고량주의 역사는 생각보다 짧다. 금문고량주는 1958년에 중국(중화인민공화국)과 대만 사이에서 벌어진 국지전인 '진먼 포격전' 당시 진먼 섬(이후 진먼다오)의 사업가였던 예화청이 만든 술이다. 금문고량주는 공황 상태에 빠진 대만군에게 배급되었는데, 일반 백주보다 훨씬 도수가 높은 술을 마셔 전쟁의 두려움을 달래기 위해서였다.

중국과 대만 사이의 아찔한 양안 관계

흔히 중국과 대만의 관계를 '양안(兩岸) 관계'라고 표현한다. 이는 자연적인 군사분계선 역할을 하게 된 대만 해협을 두고 서안(중국)과 동안(대만)이 마주 보는 관계라 하여 붙은 이름이다. 중국은 '하나의 중국'을 내세우며 대만을 국가로 인정하지 않지만, 대만은 자신들도 엄연한 국가라고 주장한다. 오늘날에는 중국의 힘이 워낙 커서 대만을 국가로 인정하는 나라는 거의 없는 실정이다.

그럼에도 대만은 여전히 국가로서의 체제를 유지하며 중국과의 합병이나 통일에 거리를 두고 있다. 이처럼 기묘한 양안 관계는 언제, 어디서 시작되었을까? 질문의 답을 알려면 대략 100여 년 전으로 거슬러 올라가야 한다.

1911년, 약 260년 동안 중국을 지배해 왔던 청나라가 신해혁명으로 망하고 국민당이 지배하는 중화민국이 중국 대륙의 새로운 주인으로 떠올랐다. 그러나 광대한 중국 대륙 전체를 지배하기에는 중화민국의 힘이 약했고, 각지에서는 중화민국에 저항하는 세력들이 버티고 있었다.

그중 하나가 바로 중국 공산당이었다. 1921년 7월에 창설된 공산당은 국민당과 끊임없이 대립했는데, 공산당은 이름 그대로 사회주의 노선을 주장했고 국민당은 자본주의 노선을 밀고 나갔기 때문이었다.

결국 두 정당은 각자 거느린 군대를 이끌고 중국 대륙의 지배자가 되기 위한 전쟁을 벌였다. 세계사에서는 이를 '국공내전'이라고 부른다. 국공내전은 1927년부터 1936년까지 벌어진 제1차 국공내전과 1946년부터 1950년까지 벌어진 제2차 국공내전, 즉 두 번에 걸쳐 일어났다.

국공내전과
진먼 포격전

국공내전은 2,200여 년 전, 중국 대륙의 패권을 두고 벌어진 초한 전쟁의 재현이었다. 당시 초나라의 항우는 강력한 군사력을 기반으로 한나라의 유방을 연이어 격파하며 위세를 떨쳤다. 그러나 한나라는 소멸하지 않고 계속 세력을 유지하며 버텼다. 결국 초나라는 기원전 202년에 벌어진 해하(垓下) 전투에서 결정적으로 패배했고, 달아나던 항우는 사방이 포위된 상황에서 스스로 목숨을 끊었다.

국공내전 당시 국민당은 미국의 지원을 받아 공산당보다 훨

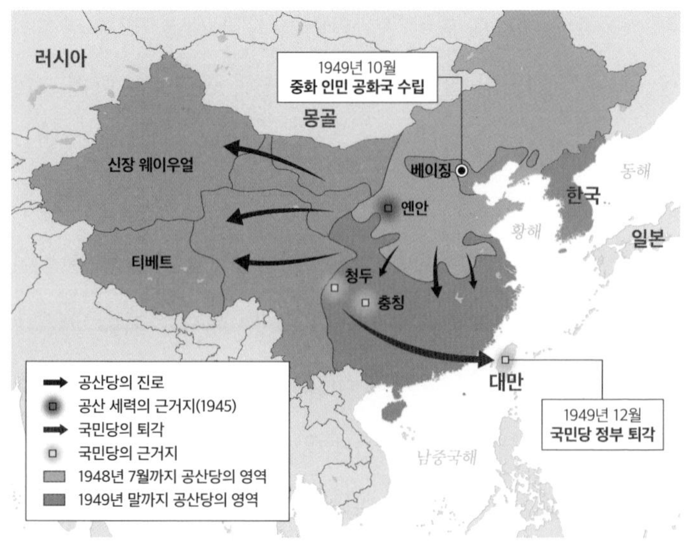

국공내전의 진행 과정

씬 더 많은 수의 병력과 더 넓은 영토를 가지고 있었다. 그러나 공산당은 이리저리 달아나며 버텼고, 두 번째로 벌어진 국공내전에서 국민당이 연전연패하며 불과 4년 만에 중국 대륙을 모두 잃었다. 1949년 12월, 결국 국민당은 대만 지역으로 달아났는데 이것을 '국부천대(國府遷臺)'라 표현한다.

국부천대가 일어난 뒤로도 중화인민공화국과 중화민국, 즉 중국과 대만의 긴장 관계는 계속 이어졌다. 대만은 미국과 손을 잡고 공산당을 몰아내 다시 중국 본토를 차지하겠다는 '대륙 수복'을 공공연하게 언급했다.

또한, 대만에서는 1980년대까지 교과서에 몽골을 '잃어버린 영토'라고 표기했다. 대만은 자신들이 청나라를 계승했다고 주장했는데, 이 청나라가 1688년부터 1911년까지 200년이 넘게 몽골을 지배했기 때문에 몽골 역시 대만의 영토로 여겼다.

중국에게 대만은 골치 아픈 나라였다. 국력에서는 압도적으로 중국이 우위였지만, 대만은 사방이 바다로 막혀 본토와 떨어져 있어 쉽게 침략하지 못했다. 그러나 적국인 미국과 손잡고 중국의 해안가를 공격할 가능성이 있었기 때문에 대만을 가만히 내버려 두기도 곤란했다.

두 국가의 긴장 관계는 1958년 8월부터 12월까지 이어진 진먼 포격전에서 폭발한다. 진먼다오는 중국 남부에 위치한 섬으로, 대만의 영토에 속했기에 대만군의 벙커와 포대가 설치되어 있었다. 중국은 진먼다오의 군사 시설에 약 10만 발의 포탄을 쏟아부었다. 대만군도 포격으로 응수했지만, 그 횟수가 중국군의 10분의 1에 불과하여 별다른 효과를 거두지 못했다.

중국군의 집중 포격에 시달리던 대만군 병사들에게 유일한 안식처가 바로 금문고량주였다. 도수가 높은 술에 취해 잠시나마 전쟁의 공포와 불안을 잊을 수 있었기 때문이었다.

분쟁의 땅 진먼다오

끝없는 집념에서 탄생한 금문고량주

금문고량주를 만든 예화청은 중국 표준어는 물론이고 영어와 말레이어까지 여덟 개의 언어를 자유롭게 구사했던 영리한 인물이었다. 그는 중일 전쟁 때 일본군의 공격으로 상하이에 차린 사업체가 파괴되면서, 앞으로 어떻게 살아야 할지 진지하게 고민했다. 마침 아버지가 진먼다오에서 죽었다는 소식을 들은 예화청은 그를 기리기 위해 곧장 진먼다오로 이주했다. 당시 진먼다오에는 술을 만드는 양조장이 많았다. 이를 본 예화청은 오랜 사업 경력을 바탕으로 자신도 양조장을 차려 주류 사업에 뛰어들기로 마음먹는다.

사업이 처음부터 쉽게 풀리지는 않았다. 그가 술을 빚기 위해 수입한 누룩은 바다를 건너는 과정에서 물에 젖어 발효되지 못했다. 하지만 예화청은 포기하지 않고 계속 매달렸다. 그는 진먼다오에 주둔하던 대만군 내부 인사들과 친구가 되었고, 그들에게 술을 어떻게 만들면 좋을지 조언을 구했다. 또한, 밤마다 자신이 직접 빚은 누룩을 실험하고 관찰했다. 이러한 노력과 집념 덕분에 예화청은 고량주를 만드는 방법을 알아내는 데 성공한다.

인맥을 활용해서 만든 기회

술을 만드는 과정에서 가장 중요했던 것은 고량주를 빚는 재료와 방식이었다. 진먼다오는 섬이기 때문에 쌀보다는 소금기에 강한 수수가 고량주를 만들기에 더 적합한 재료였다. 게다가 수수로 빚은 고량주는 쌀보다 더 부드럽고 향기가 진했다.

고생 끝에 고량주를 만든 예화청은 안정적으로 술을 생산하기 위해 밤낮으로 고군분투했다. 1950년에는 자신이 직접 설계한 금성주창(金城酒廠)이라는 이름의 양조장을 만들었고, 그동안 쌓은 모든 인맥을 동원하여 대만 육군 복지회 19군에 자신이 만든 고량주를 소개했다. 술을 맛본 장병 모두가 맛과 향이 아주 풍부하다며 칭찬했다. 또한, 19군의 사령관인 후리안 장군에게도 이 술을 선물했다.

선물 받은 고량주의 맛에 반한 후리안 장군은 예화청에게 한 가지 제안을 한다. 진먼다오의 주민들이 수수를 재배해 수확물을 금성주창에 보내고, 그 수수로 만든 고량주를 대만군에 대량 납품하는 일이었다. 진먼다오의 주민과 예화청은 그 제안에 바로 응했고, 그때부터 금성주창은 술의 원료인 수수를 안정적으로 공급받게 되었다.

1951년 말에는 진먼다오의 천연 샘물을 사용해 본격적으로 '금문고량주'라는 상표명이 붙은 술을 생산하기 시작했다. 그리고 3년 후 예화청이 대만 정부의 공공 판매국에 진먼고량주를 납품하는 계약을 체결하면서, 비로소 그가 오랫동안 품었던 주류 사업가로서의 꿈이 달성되었다.

군인들의 불안과 공포를 달랜 유일한 술

앞서 언급한 것처럼 금문고량주는 대만군 병사들에게 전쟁 속에서 공포와 불안을 견딜 힘을 준 선물 같은 술이었다. 그들은 중국군이 쏜 포탄의 굉음과 충격을 도수 높은 금문고량주를 마시며 잊어버리려 했던 것이다. 그런 방법이 효과가 있었던 것인지 대만군은 진먼다오를 지켜내는 데 성공한다.

1990년대에 중국과 대만이 과거의 적대적 관계를 청산하고 우호 관계를 맺으면서, 금문고량주를 만드는 진먼주류소*는 2004년 중국 본토에 정식으로 진출한다. '진먼주류소 무역유한공사'를 설립해 오늘날에도 중국에 금문고량주를 수출하고 있다. 한때 대만군 병사들이 목숨을 걸고 싸우며 마셨던 금문고량주가 이제는 평화적으로 중국에 진출하고 있는 것이다.

신냉전 체제에서 다시 커진 군사적 긴장감

최근 대만 해협에 다시 군사적 긴장감이 감돌고 있다. 미국과 중국의 관계가 악화했기 때문이다. "중국과 대만 사이에 새로운 전쟁이 터지는 것이 아니냐"라는 우려 섞인 목소리가 커지던 와중, 뜻밖의 소식이 들려왔다. 대만의 지방자치단체인 진먼현 의회에서 진먼다오를 영구적 비무장지대로 만드는 방안을 추진하고 있다는 것이었다. 이는 중국과 대만 사이에 벌어질 전쟁의 가능성을 미리 없애려는 조치이다.

* 1956년에 금성주창의 사업이 번창하면서 새롭게 바꾼 이름

만약 양국의 정책 결정자들이 현명하다면 전쟁을 피하고 평화를 지키는 길을 선택할 것이다. 그러나 무력을 동원한 강경책을 주장하는 세력이 중국이나 대만에 집권한다면, 머지않아 대만의 병사들이 금문고량주로 마음을 달래야 할 날이 다시 올지도 모른다.

술 하나로 전쟁의 결과를 뒤엎는 방법

마오타이

현재 중국에서 가장 사랑받는 술은 마오타이다. 술을 잘 모르는 사람이라고 해도 마오타이라는 이름은 한 번쯤 들어 보았을 것이다. 마오타이는 중국을 대표하는 명품 술로 유명한데, 이는 마오타이가 마오쩌둥과 덩샤오핑처럼 현대 중국을 움직인 지도자들의 인생과 긴밀하게 엮여 있어서 그렇다.

한 지역을 먹여 살린 단 하나의 기업

마오타이는 중국 서남부 구이저우성에서 만들어진다. 구이저우성은 산이 많아서 교통이 불편하고, 중국에서 오지에 속하는 지역이다. 농사를 지을 평지도 적어서 과거에는 주민 대부분이 가난했다.

이 구이저우성의 경제를 먹여 살리는 기업이 있다. 바로 마오타이를 생산하는 마오타이 그룹이다. 2021년 2월 9일을 기준으로 마오타이 그룹의 시가총액은 무려 516조 원에 달한다. 구이저우성 경제 총생산 액수(GDP)의 무려 40퍼센트를 이 마오타이 그룹이 차지하고 있을 정도이다.

마오타이는 중국의 전통주인 고량주에 속하는 술로 수수(또는 밀)와 물을 이용해 만든다. 먼저 끓인 물에 수수를 담고 누룩과 함께 커다란 솥에 넣는다. 이것을 일곱 번에 걸쳐 증류한 다음, 그 내용물을 항아리에 넣고 뚜껑을 완전히 닫는다. 최소 3년의 숙성 과정을 거쳐야 비로소 마오타이가 완성된다.

이렇게 만든 마오타이는 색이 물처럼 투명하다. 마시면 풍부한 파인애플 향이 먼저 느껴지고, 뒤로 갈수록 청량하고 개운한 맛이 난다. 알코올 도수는 보통 56도 내외인데 도수가 높은데도 숙취가 적은 것이 특징이다.

종류에 따라
천차만별인 가격

마오타이도 종류가 여러 가지인데, 가장 일반적인 형태는 하

서민들을 위한 3년산 마오타이

얀 색깔의 병에 붉은색 스티커가 붙은 모습이다. 이는 최소 숙성 기간인 3년을 채운 종류로 서민들을 위한 상품이다. 가격은 원화를 기준으로 약 2만 원 선에서 형성되어 있다.

부자들을 위한 마오타이도 있을까? 물론 있다. 마오타이 중에서 가장 명품으로 인정받는 종류는 30년 동안 숙성시킨 '30년산 마오타이'이다. 이 30년산 마오타이는 병이 황금으로 도금되어 있으며, 약 8만 위안(원화 1,400만 원)의 가격에 팔린다. 워낙 가격이 비싸고 희귀해서 중국에서도 외국에서 방문한 고위 정치인을 대접할 때 정도만 볼 수 있다. '돈만 많으면 누구나 30년산 마오타이를 사서 마실 수 있지 않을까'라는 생각이 들겠지만, 평범한 사람이 구할 수 있는 30년산 마오타이는 대부분 가짜 상품이다.

그렇다면 왜 돈이 있어도 마오타이를 구하지 못하는 걸까? 이는 중국 내에서 활개치는 되팔이족 때문에 벌어진 현상이다. 이들은 30년산 마오타이가 나오기만을 기다리다가 시장에 풀리는 즉시 번개같이 달려들어 모든 상품을 사들인다. 30년산 마오타이가 품절되면 원가보다 더 비싼 가격에 파는데, 이른바 사재기 행위가 성행하는 것이다.

공산당의 상처를 치료한 만병통치약

마오타이는 중국에서 왜 이토록 인기가 많은 걸까? 그 이유는 오늘날 중국을 설립하는 데 마오타이가 큰 영향을 미쳤기 때문이다.

현재 중국을 지배하는 집단은 중국 공산당이다. 이들은 1934년부터 1935년까지 경쟁자인 국민당의 위협을 피해 장시성에서 산시성으로 근거지를 옮기는 대장정에 나섰다. 대장정을 이어 가던 어느 날 공산당 당원들은 마오타이를 만들던 구이저우성을 방문하게 된다. 그리고 마을 주민들에게 마오타이를 대접받는다.

먼 길을 행군해야 하는 군인들이 어떻게 술을 마시느냐고 의아해 할 사람도 있겠지만, 마오타이는 이들에게 큰 도움이 되었다.

국민당의 추격을 피하며 이동하느라 부상을 당했을 때 필요한 약품을 구하기가 어려웠는데, 이 마오타이가 소독약 역할을 대신했다는 것이다. 이들은 56도나 될 만큼 알코올 도수가 매우 높은 마오타이를 이용해 상처 부위를 소독했고, 진통제 대신 마오타이를 마셔서 술기운으로 고통을 달랬다고 한다.

심지어 감기가 들면 마오타이에 고춧가루를 타서 감기약 대용으로도 마셨다.

마오타이가 살린 공산당, 공산당이 살린 마오타이

당시 대장정에 참여한 공산당원 중에는 현대 중국의 창시자인 마오쩌둥과 그의 참모였던 저우언라이도 함께 있었다. 특히 저우언라이는 마오타이를 유독 좋아해서 자주 마셨고, 훗날 미국의 닉슨 대통령과 회담을 했을 때에도 "그때 우리에게 마오타이는 만병통치약이나 다름없었다"라고 말하며 마오타이로부터 받은 도움을 인정했다.

1949년, 결국 공산당은 국민당을 대만으로 쫓아내고 중국 본토를 차지한다. 공산당과 인연이 깊었던 마오타이는 이때부터 중국을 방문하는 외국의 최고 지도자들에게 대접하는 국주(國

酒), 즉 나라를 대표하는 술의 위치를 차지한다.

1966년부터 1976년까지 공산당은 '과거의 낡고 썩은 것들을 청산하자'라는 구호를 내세워 문화대혁명을 일으킨다. 대부분의 중국 전통문화 산업이 큰 타격을 입고 깊은 침체기에 빠지는데, 이때도 마오타이는 공산당의 보호를 받으며 무사히 보존될 수 있었다.

높은 인기 때문에 생겨난 수많은 가품들

오랫동안 마오타이가 인기를 끌다 보니 그 부작용도 만만치 않다. 우선 생산량이 높은 수요를 따라가지 못한다. 마오타이를 만드는 양에 비해 그것을 사고 싶어 안달인 사람이 너무 많기 때문이다.

이러한 이유 때문에 현재는 베이징이나 산둥성을 비롯한 다른 지역에서도 몰래 마오타이를 만들어 판다. 이렇게 생산되는 가짜 마오타이가 워낙 많다 보니, 중국인도 시중에 유통되는 마오타이 대부분이 가짜라고 생각한다. 최소 70퍼센트에서 최대 99퍼센트가 가짜 마오타이라는 것이다.

물론 가짜 마오타이라고 해서 마시면 죽는 독극물로 술을 만들지는 않는다. 그러나 구이저우성에서 마오타이를 만들 때

쓰는 재료를 모두 가져와 그들과 똑같은 방식으로 만들어도 원조 마오타이의 풍미를 완전히 따라잡지는 못한다고 한다. 정확한 원인은 알 수 없으나 기후나 온도의 차이가 이유일 것으로 추측한다.

인기를 위협받는 마오타이

오늘날 마오타이의 위상을 넘보는 술이 있다. 바로 중국 쓰촨성에서 만드는 백주인 오량액(우량예)이다. 오량액은 다른 백주보다 향은 약하지만 진한 술맛과 단맛의 조화가 일품인 술이다. 중국의 술 애호가들은 "오량액이야말로 정말 훌륭한 술인데, 마오타이의 유명세에 밀려 그 빛을 보지 못하고 있다"라며 불만을 토로하기도 한다.

마오타이의 자리를 위협하는 것은 오량액뿐만이 아니다. 세대가 바뀌면서 변해 가는 중국인의 입맛 또한 마오타이를 위기로 몰아넣고 있다. 최근 중국의 젊은 층 사이에서는 독한 고량주보다 비교적 알코올 도수가 약한 포도주나 맥주 등 가벼운 술을 선호하는 흐름이 일고 있다고 한다.

그렇다고 중국인이 마오타이를 완전히 외면하지는 않을 것이다. 문화대혁명 시기에도 중국 정부의 보호를 받았을 만큼 마오타이를 향한 중국인의 애착이 매우 크기 때문이다.

공산 정부를 수립한 이후로 약 70년이 넘는 기간 동안 중국을 대표하는 술로 자리를 잡은 만큼, 마오타이의 위상은 절대 추락하지 않으리라고 본다.

지금의 미국을 탄생시킨 술의 정체

럼주

《보물섬》이라는 제목의 소설을 들어본 적이 있는가? 만약 이 책을 읽어 보았다면 해적들이 부르는 "어여차, 럼주가 한 병이라네……"라는 노래가 환청처럼 기억날 것이다.

영국 작가 로버트 루이스 스티븐슨의 소설 《보물섬》은 해적이 숨긴 보물을 찾기 위해 바다로 떠나는 뱃사람들의 모험담을 주제로 다룬다. 소설에 나오는 해적들은 틈만 나면 럼주와 관련된 노래를 부른다. 실제로 대항해 시대의 선원과 해적들은 너 나 할 것 없이 럼주를 물처럼 들이마셨다.

그래서 럼주를 '해적의 술'이라고 부른다. 사실 럼주는 도수가 매우 높아서 평범한 사람들은 잘 마시지 못했다. 대신 해적

해적들의 이야기를 다룬 영국 소설 《보물섬》

이나 뱃사람처럼 위험하고 고된 노동에 시달리는 사람들이 잠시 피로를 잊기 위해 찾아 마셨다.

위생과 영양 문제로 고통받은 뱃사람들

유럽에서 항해 기술과 선박 제조 기술이 급성장했던 13세기에는 배를 타고 보다 먼바다를 향해 나아가기 시작했다. 그러나 배가 멀리 나아갈수록 선원들은 심각한 문제에 시달렸다.

물은 고인 채로 오래 두면 썩는다. 당시에는 지금과 같은 보관 기술이 없었고, 배 내부의 습기와 열기는 미생물이 번식하기 매우 좋은 환경이었다. 그래서 배 안에 저장한 물은 얼마 지나지 않아 녹색의 구정물로 변질했다. 누가 봐도 냄새나고 썩은 물이었지만, 갈증을 해결하려면 그 물을 마셔야만 했다. 이들은 세균이 득실대는 물을 마신 탓에 설사와 복통을 자주 앓았고, 장염에 걸려 사망하는 경우도 많았다.

정수 기술이 발달하지 않았기에 물 대신 술을 마시는 것이 유일한 해결책이었다. 알코올이 들어간 맥주와 포도주는 확실히 물보다 오래 보관할 수 있었다. 사실 뱃사람들은 물보다 술을 더 좋아했는데, 고된 노동에서 오는 피로를 술로 잊을 수 있기 때문이었다.

생존을 위해
물 대신 마신 술

1492년에 콜럼버스가 신대륙을 발견하면서 유럽의 선박들은 광활한 북대서양까지 나아가기 시작했고, 선원들의 식수 문제는 더 큰 난관과 마주한다. 유럽보다 습도가 높은 대서양과 카리브해를 지날 때면 맥주나 포도주도 물처럼 상했던 것이다.

원인을 알지 못해 고민하던 중, 마침내 술의 도수가 낮으면 높은 온도에서 쉽게 변질한다는 사실을 알아냈다. 그래서 맥주와 포도주보다 훨씬 독한 위스키를 배에 싣기 시작했는데, 확실히 위스키는 쉽게 상하지 않았다. 그러나 값이 비싸서 선장이나 고위 간부만이 마실 수 있었다.

뱃사람들은 식수 말고도 여러 가지 고통에 시달렸다. 오랜 항해 생활을 하다 보면 비타민을 섭취하기가 힘들었고, 이는 '죽음의 병'이라 불리는 괴혈병에 걸리는 문제로 이어졌다. 18세기 말에 영국의 쿡 선장이 선원들에게 레몬 즙과 양배추 섭취를 의무화하기 전까지 뱃사람들은 항상 괴혈병의 공포에 시달렸다.

이들은 육지에서 살던 때처럼 몸을 씻지도 못했다. 또한, 식사 시간을 제외하고는 쉬는 시간도 없이 힘든 중노동을 해야 했다. 선원들의 몸에서는 썩은 땀 냄새가 가시지 않았고, 더러운 위생 상태 때문에 병에 걸리기 쉬웠다. 모든 배마다 쥐와 벌레들이 득실거려서 전염병은 일상적인 일로 여겨졌을 정도였다. 선장들은 항구에 들를 때마다 배를 가라앉혔다가 다시 꺼내는 수법으로 쥐를 죽이려고 했지만, 큰 효과는 보지 못했다.

대항해 시대의 선원과 해적은 사실 같은 부류였다. 전과자이거나 몹시 가난하지 않은 이상 고된 뱃일에 지원하지 않았다. 20세기까지 세계 바다를 제패했던 영국도 해군에 자원하는 사람을 찾기 어려웠다. 그래서 죄수를 해군에 편입시키거나 항구 도시의 주민을 강제로 납치하기도 했다. 유럽에서 해군의 강제 징병은 영미전쟁, 제1차 세계 대전 등 널리 알려진 전쟁 때도 실시했을 만큼 흔했다. 마을의 부녀자들은 가족이 해군에 끌려가는 것을 막고자 해군 징병관들과 몸싸움을 벌이기도 했는데, 여기서 프레스 갱(press gang)이라는 표현이 나왔다.

한번 배에 올랐다 해도, 선원들은 틈만 나면 달아나려고 했다. 선장들은 항구에 정박하는 시간을 줄이거나, 섬의 원주민이 식인종이라고 속이는 등의 방법으로 나름의 대비책을 마련했다. 하와이를 비롯해 다수의 태평양 섬 주민이 이런 식으로 식인종이라는 억울한 누명을 썼다.

고통에 빠진 뱃사람들을 구하다

1651년, 지옥 같은 환경 속에 방치되었던 뱃사람들에게 드디어 한 줄기 빛이 드리워졌다. 서인도 제도의 식민지 바베이도스(Barbados)에서 사탕수수의 찌꺼기를 증류해 만든 술이 개발되었는데, 이것이 바로 럼주였다.

럼주는 위스키와 달리 값이 매우 싸서 가난한 선원들도 부담 없이 마셨다. 럼주의 도수는 최소 40도에서 최대 80도에 이를 정도로 매우 높아서, 덥고 습한 날씨에도 상하지 않고 오랫동안 보관할 수 있다는 큰 장점이 있었다.

럼주의 효용성이 알려지자 유럽의 모든 선주는 럼주를 배에 실었다. 일반 선원, 해적, 해군 상관없이 뱃사람들은 모두 럼주를 마셨다. 그들에게 럼주는 갈증과 피로를 말끔히 해결해 주는 물이나 다름없었다.

선원들이 럼주를 얼마나 중요하게 생각했는지를 잘 보여 주는 이야기가 있다. 선장이 잘못을 저지른 선원을 처벌할 때 쓴 최고 형벌이 바로 금주령이었는데, 그러면 선원들은 "금주를 하느니 차라리 채찍을 맞겠습니다!"라며 강렬히 항의했다고 한다.

선원들은 독한 럼주를 많이 마셔서 선장의 명령을 잘 듣지 못하거나, 들어도 취기가 오른 몸 때문에 제대로 일을 하지 못할 때가 많았다. 영국의 그로기라는 해군 제독이 럼주에 물을 타서 도수를 약하게 만들려고 했지만, 선원들은 럼주를 더 많이 마시는 것으로 응수했다. 술에 취한 것처럼 비틀거리는 사람을 가리켜 쓰는 '그로기 상태'라는 말은 이 그로기 제독의 이름에서 따온 것이다.

럼주는 영국의 식민지였던 미국에서도 일상 음료로 환영받았다. 영국에 맞서 독립 혁명을 벌이던 1770년대 직전까지 미국에서는 한 사람이 매년 약 13리터의 럼주를 마셨다고 한다.

어린아이도 포함해서 말이다.

큰 인기를 누리던 럼주는 영국의 쿡 제독이 금속 용기에 물을 싣는 방법을 고안하면서 다른 술에 서서히 자리를 내어 준다. 해군 제독 대부분이 병사들이 럼주를 너무 많이 마셔 알코올 중독에 빠지는 것에 불만을 품고 있었기 때문이었다.

1970년 7월 31일, 영국 해군에서 병사에게 럼주를 지급하는 관행을 폐지할 때까지 럼주는 모든 뱃사람에게 필수 음료이자 생명의 물이었다.

인디언을 단기간에 파멸시킨 불의 물

유럽의 대외 진출과 함께 세계 각지로 퍼져 나갔던 럼주는 타지의 주민에게 큰 손해를 끼치기도 했다. 북미 대륙의 원주민(인디언)들이 유럽인에게 럼주를 받아서 마시다가 그만 파멸하고 말았던 것이다.

유럽인을 만나기 전까지 인디언은 야생 벌꿀이나 옥수수를 발효시켜 만든 도수가 낮은 술만 마셨다. 럼주처럼 알코올 도수가 높은 증류주를 만들려면 별도의 증류 기술이 필요하다. 당시 인디언은 그런 기술을 알지 못했기에 유럽인을 만나기 전까지 도수가 높은 술을 마셔 보지 못했다.

북미 대륙으로 이주한 유럽인은 인디언과 모피로 무역을 했다. 인디언이 만든 모피를 사는 대가로 자신들이 마시던 증류주를 주었는데, 인디언 사회에는 아직 화폐 개념이 없어서 돈을 줘도 쓸모가 없었기 때문이었다.

럼주를 받은 인디언은 그 맛에 바로 빠져들었다. 쉽게 말해 럼주의 맛에 중독되어 버린 것이다. 인디언이 럼주에 얼마나 깊이 빠졌느냐 하면, 럼주를 환상을 보게 해 주는 '불의 물'로 여길 정도였다. 도수가 높은 럼주를 마시면 뱃속에서 불처럼 뜨거운 기운이 올라온다고 해서 인디언이 붙인 이름이었다.

럼주는 인디언 사회에 나쁜 파문을 몰고 왔다. 인디언은 선천적으로 간에 알코올을 분해하는 효소가 적어서 유럽인보다 알코올 중독에 취약했다. 얼마 지나지 않아 이들 사이에서 알코올 중독자가 급격히 늘어났다.

알코올 중독자가 된 인디언은 손을 자주 떨거나 뇌에 이상이 생겼고, 눈이 침침해지는 걸 느끼다가 갑자기 심장 마비 등의 증세로 사망했다. 이를 지켜본 미국의 정치인 벤저민 프랭클린은 자신의 자서전에서 이런 기록을 남겼다.

> 럼주는 인디언들을 전멸시켜 백인 이주민들이 살아갈 땅을 주기 위한 신의 선물이었다. 동부 해안가에 살았던 인디언들

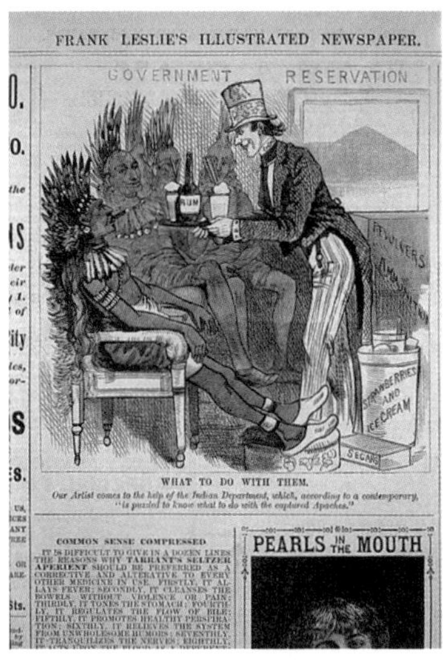

인디언에게 럼주를 권하는 유럽인

출처: 미국 의회 도서관

도 럼주 때문에 모두 죽음을 맞았다. 이렇게 술이 인디언을 망쳤다. 그러나 인디언들에게 술을 빼앗으면 그들은 죽으려 할 것이다.

마지막 문장이 의미심장하다. 18세기 말부터 인디언은 이미 벗어날 수 없을 정도로 증류주에 중독되어 있었다는 사실을 보여 준다. 결국 그들은 증류주 때문에 백인들에게 목줄이 붙잡힌 셈이었다.

물론 모든 미국인이 인디언을 적대하지는 않았다. 인디언과 친분을 유지하며 그들의 신세를 동정했던 미군 준장 스티븐 위츠 커니는 인디언과 만날 때마다 "술(증류주)이야말로 당신들의 가장 큰 적이오. 그러니 당신들의 땅에서 술을 보면, 곧바로 땅에 부어서 없애 버리시오. 땅은 술을 마셔도 괜찮지만, 당신들의 몸은 망가져 버리니 말이오"라고 알려 주기도 했다.

인디언 라코타 부족의 족장인 크레이지 호스는 럼주 같은 증류주를 전혀 마시지 않았다고 한다. 그는 럼주를 마신 인디언 부족민이 병들고 쇠약해져 가는 모습을 보았고, "불의 물은 백인들이 만든 사악한 물이다. 나는 결코 백인들이 주는 나쁜 선물인 불의 물을 마시다가 내 몸과 부족을 망하게 하지 않겠다"라며 강력히 결심했던 것이다.

그러나 럼주에 빠져 자기 몸을 망치는 인디언은 계속 늘어났고, 그러는 사이 미군은 대대적인 공격을 쏟아부어 이들을 압박했다. 기관총과 대포로 무장한 미군의 공세에 맞서 결사적으로 저항했던 크레이지 호스와 시팅 불과 같은 부족장들이 모두 죽고 나자, 더는 미군을 막을 인디언이 없었다.

미군의 학살에서 간신히 살아남은 인디언 부족은 모두 미군에 의해 자신들의 땅에서 쫓겨나 보호구역이라는 좁고 폐쇄된 황무지 안으로 끌려갔다. 오랫동안 살아왔던 땅을 백인에게 빼앗겼다는 절망감에 빠진 인디언들은 현실의 고통을 잊기 위해서 예전보다 더 많은 양의 럼주를 마셨다.

그 결과, 인디언 사회에서는 알코올 중독과 좌절감에 찌든 남자들이 저지르는 가정 폭력과 살인 등의 범죄가 들끓었고, 전체 부족의 절반이 실업자가 될 만큼 가난한 사람들이 많아졌다. 원주민들이 마구 마셨던 불의 물이 그들을 파멸시킨 재앙이 되고야 말았던 것이다.

혁명과 복수 사이에서 성장한 이 술

바카디 151

르네상스 시대에 활동한 이탈리아의 철학자 니콜라 마키아벨리는 저서인 《군주론》에서 “사람들은 부모의 죽음은 쉽게 잊어도 자신의 재산이 빼앗긴 것은 결코 잊지 못한다”라고 말했다.

역사를 들여다보면 마키아벨리의 격언처럼 자신의 재산을 빼앗긴 것에 울분을 품고 복수의 칼날을 갈았던 이들을 쉽게 찾아볼 수 있다. 이번에 소개할 주류 브랜드인 바카디 151과 그것을 만든 바카디(Bacardi) 사의 사장 호세 페핀 보슈가 이러한 사례에 속한다.

쿠바에서 처음 발명한 부드러운 맛의 화이트 럼

바카디 151은 럼주 회사인 바카디에 소속된 상품이다. 이 바카디 사는 스페인의 와인 상인이었던 파쿤도 바카디 마소가 쿠바의 도시인 산티아고 데 쿠바에서 설립한 회사였다. 자신의 이름인 바카디를 따서 회사의 이름을 지었던 것이다.

바카디는 럼주를 만들어 파는 회사였다. 와인 상인이었던 파쿤도는 왜 와인이 아니라 럼주를 다루는 회사를 차렸을까? 우선 쿠바를 중심으로 한 카리브해 지역은 무덥고 습해서 도수가 낮은 와인이 쉽게 상했다. 그에 반해 도수가 높은 럼주는 잘 상하지 않아서 오랫동안 보관하기에 편했다.

또한, 15세기부터 대항해 시대가 시작되면서 카리브해 지역에는 유럽의 선원들이 많이 들락거렸다. 이들은 도수가 높은 럼주에 익숙했고, 쿠바에 와서도 럼주를 찾았다. 쿠바가 럼주의 원료인 사탕수수를 재배하기에 알맞은 기후였던 것도 큰 이유가 됐다.

파쿤도는 바카디를 세운 뒤로 10년 동안 쿠바 현지에서 수확한 사탕수수에서 효모균을 분리하고 럼주의 불순물을 제거하는 여과 작업에 몰두했다. 그다음에는 풍미가 좋은 증류액을 개발하는 작업에 착수했고, 발명한 증류액을 결합해 화이트 오크 통에 넣고 숙성했다. 부드러운 풍미가 나는 최초의 화이트 럼이 탄생한 과정이었다.

많은 사람이 완벽한 균형을 갖춘 화이트 럼의 풍미에 빠져들었고, 날개 돋친 듯 술이 판매되기 시작했다. 파쿤도는 1862년에 번 돈을 다시 투자하여 구리와 주철로 만들어진 산티아고 데 쿠바의 증류소를 사들였다.

국가에 등 돌린 배신자에서 나라를 살린 영웅이 되다

1886년에 파쿤도가 죽자 바카디 사의 소유권은 그의 세 아들인 에밀리오와 파쿤도 주니어와 호세에게 넘어갔다. 에밀리오는 바카디 사의 사장이었고, 파쿤도 주니어는 술의 품질을 관리하는 마스터 블렌더였으며, 호세는 술의 판매를 맡았다.

바카디 사의 두 번째 사장인 에밀리오는 진취적인 성격을 가진 인물이었다. 그는 쿠바가 스페인으로부터 독립하기 위해 벌인 쿠바 독립 전쟁에서 스페인 정부 당국에 대항한 쿠바 독립군을 도운 혐의로 체포되기도 했다.

1898년 쿠바 독립 전쟁에서 쿠바 독립군이 승리하자 스페인은 쿠바에서 물러났다. 쿠바 당국은 감옥에 갇히면서까지 자신들을 도운 에밀리오를 잊지 않았고, 에밀리오가 범죄자가 아닌 위대한 독립 투사라고 선언하여 그를 당당하게 복권시켰다. 쿠바 독립으로부터 불과 1년 뒤인 1899년에 에밀리오는 산티아고의 시장에 선출되었다. 공직에 있는 동안 에밀리오는 산티아고 시민을 위한 학교와 병원을 설립했고, 이들이 편히 쉴 수 있는 공원을 만드는 일에 자금을 지원하였다.

미국의 금주법과 뛰어난 사업 수단이 만든 결과

1920년 미국에서 술의 제조와 판매를 금지하는 볼스티드 법안(Volstead Act), 일명 '금주법'이 통과되자 바카디 사는 뜻하지 않은 큰 횡재를 거머쥐었다. 졸지에 술을 마실 수 없게 된 미국인은 미국과 가까운 쿠바로 몰려가 마구잡이로 술을 퍼마셨다. 이때 바카디 사가 주력 상품으로 내세운 럼주가 불티나게 팔린 것이다.

미국의 금주법은 1933년에 폐지되었지만, 쿠바는 13년 동안 금주법을 피해 술을 마시러 온 미국인 관광객이 들끓어 번창한 관광지로 떠올랐다. 바카디 사 또한 이 기회를 놓치지 않고 사업을 키웠다.

이때 에밀리오는 자신의 처남인 엔리케 슈에그를 사업에 끌어들였는데, 이는 좋은 선택이었다. 엔리케는 사업 수단이 매우 뛰어났다. 그는 쿠바를 '럼주의 본고장'으로, 쿠바에서 럼주를 파는 바카디 사를 '럼주의 왕을 만드는 회사'로 홍보해 이를 브랜드화하는 데 성공했다.

엔리케가 영업을 맡은 바카디 사는 쿠바 바깥으로도 사업을 확장해 갔다. 멕시코에는 바카디 사의 지사가 세워졌고, 미국의 영토인 푸에르토리코에서 바카디 사가 소유한 공장을 통해 럼주를 생산하기 시작했다. 1944년에는 뉴욕의 맨해튼에 바카디 사의 자회사인 바카디 수입 주식회사(Bacardi Imports Inc)를 설립해 미국으로도 사업 영역을 넓히고자 노력했다.

맨해튼에 바카디 수입 주식회사를 설립한 사람은 엔리케의 사위인 호세 페핀 보슈였다. 호세는 장인처럼 사업적 수완이 뛰어난 인물이었고, 쿠바의 재무부 장관까지 지낼 만큼 정치적인 야심도 대단했다. 그는 제2차 세계 대전 동안 병든 장인을 대신해 바카디 사를 이끌었고, 1950년에 엔리케가 죽자 바카디 사의 모든 소유와 경영권을 차지했다.

고향 쿠바를 떠나 바하마로 달아나다

번영을 누리던 바카디 사에 뜻하지 않은 재앙이 다가왔다. 1959년 쿠바에서 극심한 빈부 격차 문제로 피델 카스트로와 체 게바라가 사회주의 혁명을 일으켰다. 이 혁명으로 바카디 사는 사업에 치명적인 손해를 입는다.

가문의 분위기에 영향을 받았던 것이었을까? 먼 선대인 에밀리오가 쿠바 독립군을 지원했던 것처럼 호세도 초창기에는 쿠바 혁명을 지지했다. 그는 바카디 사를 통해 혁명을 지지한다는 의사를 밝혔고, 카스트로와 체 게바라가 이끈 반군을 지원했다.

반군이 기존의 바티스타 정권을 무너뜨리고 쿠바를 장악하자, 어찌 된 일인지 호세는 종전의 방침을 바꾸었다. 쿠바를 새로 지배하게 된 카스트로 정권에 강렬히 반대하는 입장으로 돌아선 것이다. 자세한 내막은 알 수 없으나 아마 카스트로 정권의 사회주의적인 경제 정책이 바카디 사의 이익에 손해가 된다고 판단했던 것 같다.

그러자 분노한 카스트로 정권은 바카디 사가 보유했던 쿠바 내의 부동산, 회사 설비, 건물, 은행 계좌 등 모든 자산을 강제로 빼앗아 국유화 조치에 들어갔다. 물론 카스트로 정권은 바카디 사에 아무런 보상도 해 주지 않았다.

졸지에 전 재산을 빼앗긴 바카디 사는 더는 쿠바에 머무를 수 없었기에 바하마로 떠났다. 바카디 사 입장에서 한 가지 다행이었던 점은 쿠바 혁명이 일어나기 몇 년 전부터 이미 자사가 만든 모든 제품의 상표권, 자산, 제조법의 독점적 소유권 등을 바하마로 옮겨 두었다는 점이다. 또한, 푸에르토리코와 멕시코에 소유한 다른 증류소에서도 바카디 럼주를 생산하고 있었다. 이러한 이유로 바카디 사는 카스트로 정권이 모든 자산을 몰수한 이후에도 계속 살아남을 수 있었다.

망해 가던 회사를 다시 일으킨 바카디 151

바하마로 새로운 터전을 옮긴 바카디 사는 카스트로 정권에 빼앗긴 회사 자산을 보충하기 위해 신제품 개발에 모든 노력을 기울였다. 그리고 1963년, 우리가 아는 바카디 151을 만드는데 성공한다.

바카디 151은 알코올 도수가 151 프루프(proof), 즉 75.5도라는 이유에서 붙여진 이름이다. 일반적인 럼주보다 훨씬 더 독한 술로, 이 술을 희석하지 않고 그대로 마신 사람들은 목과 배가 타는 것 같은 고통을 느꼈다.

그래서 바카디 151은 과일 주스와 섞어 칵테일로 만들어 마시는 경우가 많았다. 파인애플 주스에 바카디 151과 말리부 럼을 섞어 만드는 칵테일인 '카리부 루'와 레몬주스와 패션프루트 시럽에 바카디 151을 섞어서 만드는 '허리케인'이 그 대표적인 예이다.

술집에서 일하는 바텐더들은 손님의 눈길을 사로잡기 위해 화려한 볼거리를 제공해야 한다. 이들은 도수가 높은 술에 불을 붙여 타오르게 하는 '불 쇼'를 자주 보여 주는데, 이 불 쇼에서 반드시 필요한 술이 바카디 151이었다. 앞서 설명한 대로 바카디 151은 알코올 도수가 75.5도나 될 만큼 독한 술이라 불을 붙이면 그대로 타올랐다.

바카디 151의 병 표면에는 '이 제품은 불이 붙기 쉬우니 불의 옆에 가까이 두지 마십시오'라고 경고하는 라벨이 붙어 있다. 병 내부에도 술에 불이 붙는 것을 막기 위해 압착한 스테인리스 스틸 화염 방지기가 붙어 있다.

헌데 이 점이 오히려 사람들의 호기심을 자극했던 것 같다. 바카디 151을 아무것도 섞지 않은 채 스트레이트로 마시거나, 술에 정말로 불이 붙는지 시험해 보다가 화상을 입는 사람들도 생겨났다. 그러나 이러한 사건 사고 덕분에 저절로 제품이 광고되었고, 판매 매출 또한 빠르게 늘어났다.

이런 이유로 바카디 151은 출시되자마자 큰 인기를 끌었다. 바카디 사는 바카디 151의 성공으로 카스트로 정권에 빼앗긴 자산을 모두 보충하는 데 성공한다. 한 가지 제품만으로 망해가던 회사를 살려 낸 것이다.

복수를 위한 칼날을 드러내다

바카디 사의 사장이었던 호세는 회사의 자산을 빼앗은 카스트로 정권을 절대 용서하지 않았다. 그는 자신이 할 수 있는 모든 수단과 방법을 동원해 암살과 파괴 공작에 나섰다.

바카디 151이 출시된 지 불과 1년 후인 1964년, 미국 중앙정보국 CIA의 요원인 고든 체이스가 보고한 문서에 따르면 호세는 미국의 마피아에게 '카스트로와 그의 동생인 라울, 카스트로의 동지인 체 게바라를 죽여달라'고 제안하며 10만 달러를 건넸다고 한다.

이 제안은 끝내 실행되지 않았다. 마피아들이 카스트로와 체 게바라 등을 죽이는 일이 도덕에 어긋난다고 거부해서가 아니었다. 그들은 호세에게 더 많은 액수인 15만 달러를 지급하길 요구했고, 호세가 마피아들에게 15만 달러를 주기 아까워하면서 암살 계획이 수포로 돌아갔다는 것이다.

호세는 여기서 포기할 인물이 아니었다. 그는 마피아를 통한 간접적인 복수가 실패하자 자신이 직접 나서서 쿠바에 대규모의 폭탄 테러를 저지를 계획도 세웠다. 바로 미국 공군의 B-26 폭격기를 사서 쿠바의 정유 공장을 폭격하려는 내용이었다. 테러가 성공할 시에는 쿠바에 정전 사태가 발생해 대혼란이 일어나고, 그 과정에서 호세가 그토록 증오하던 카스트로 정권이 무너질 것이라는 계산에서 나온 발상이었다.

그러나 공교롭게도 미국의 대표 언론인 《뉴욕 타임스》에서 호세의 계획과 그가 사용하려고 했던 B-26 폭격기의 사진을 상세히 보도했고, 호세는 눈물을 머금고 쿠바 폭격 계획을 취소해야 했다.

사실 《뉴욕 타임스》가 호세의 계획을 폭로한 것은 당연한 일이었다. 만일 정말로 호세의 쿠바 폭격이 실행되었다면 분노한 쿠바 정부는 테러에 대한 보복으로 호세가 있는 바하마에 또 다른 테러를 저지를 가능성이 높았다. 또한 그 과정에서 자칫 미국도 타격을 받을 수 있었으니, 그들이 보았을 때 호세의 쿠바 폭격은 실로 위험천만한 생각이었다.

테러리스트까지 고용해 벌인 복수극

호세의 복수심은 여기서 수그러들지 않았다. 1976년 호세는 공식적으로 바카디 사의 사장 자리에서 은퇴했다. 그러나 이면에서는 카스트로 정권에 타격을 가하기 위해 수단과 방법을 가리지 않고 노력했다. 그 결과 또 다른 테러 계획을 고안해 냈는데, 전문적인 테러리스트를 고용하는 방법이었다.

호세는 자신의 계획을 실행해 줄 가장 알맞은 사람을 찾았다. 바로 쿠바에서 출생했으나 카스트로 정권에 반대하여 베네수엘라로 망명했고, 이후 미국 CIA 요원이 되어 각종 테러 공작을 벌였던 루이스 포사다 카릴레스였다. 그는 호세만큼이나 카스트로를 증오했고, 그를 상대로 하는 테러라면 기꺼이 발 벗고 나서줄 인물이었다.

호세는 카릴레스에게 자금을 지원하고 그 대가로 쿠바의 카스트로 정권을 겨냥한 폭탄 테러를 벌이도록 사주했다. 그렇게 벌어진 테러가 1976년 10월 쿠바 항공 폭파 사건이다. 당시 쿠바 항공 455편 여객기가 바베이도스 상공에서 폭발해 탑승하고 있던 쿠바 펜싱 팀 73명 전원이 사망했다.

미국을 이용해 경제적 제재를 가하다

호세는 미국의 힘을 빌려 쿠바를 압박하려는 경제 제재 계획도 세웠다. 그는 계획을 실행하기 위해 미국 마이애미의 바카디 자회사를 통해 모금 행사를 열었다. 이때 모인 7만 5천 달러는 미국 노스캐롤라이나 주의 상원의원이었던 제시 헬스에게 전달되었다.

제시 헬스 상원의원은 돈을 받은 대가로 1996년 자신의 이름을 딴 헬름스-버튼 법안을 만들었다. 쿠바의 카스트로 정부가 국유화한 부동산에 외국인이 투자하는 것은 범죄이며, 만약 여기에 투자하는 회사는 미국 비자를 발급해 주지 않는다는 것이 주된 내용이었다.

미국 의회에서는 헬름스-버튼 법안을 가리켜 '바카디 법안(Bacardi bill)'이라고 불렀다. 이는 헬름스-버튼 법안을 만든 배후가 바카디 사라는 사실을 미국 의원들도 알고 있었다는 뜻이었다.

제시 헬스 상원의원 이외에도 헬름스-버튼 법안을 만드는 데 중요한 역할을 한 사람이 또 있었다. 조지 부시 전 미국 대통령이 미국 국무부의 서반구 담당 차관보로 임명했던 오토 라이히다. 그는 과거 바카디 사가 운영한 로비스트 회사에서 일했으며, 쿠바의 카스트로 정부를 무너뜨리려는 계획에 적극 찬성한 인물이었다.

죽을 때까지 놓지 못했던 복수를 향한 집념

호세는 1994년 미국 마이애미에 있던 자택에서 사망했다. 그러나 바카디 사는 복수를 향한 그의 의지를 이어받았고, 2004년까지 쿠바 정권에 대한 압박과 파괴 공작을 멈추지 않았다.

호세가 처음 암살을 시도한 뒤로 무려 40년 동안이나 카스트로 정권을 죽이려고 덤벼들었으니, 참으로 지독한 집념이라고 할 수 있다.

오늘날 전 세계의 많은 이들에게 사랑받는 럼주 브랜드 바카디에 이처럼 무서운 역사가 얽혀 있는 것이다.

제1차 세계 대전, 시바스 리갈에 날개를 달다

시바스 리갈

시바스 리갈은 스코틀랜드에서 만드는 위스키인 스카치위스키의 일종이다. 더욱 정확히 말하자면, 1786년 스코틀랜드에 세워진 주류 회사 시바스 브라더스(Chivas Brothers)에서 생산한 제품을 가리켜 시바스 리갈이라고 부른다. 시바스 리갈은 숙성 기간에 따라 종류가 나뉘는데, 전체적으로 풋사과의 향과 함께 꿀과 같은 달콤한 맛이 나는 것이 특징이다.

1909년 시바스 브라더스의 이사이자 마스터 블렌더인 찰스 스튜어트 하워드는 25년 동안 숙성한 자신의 스카치위스키를 세상에 내놓았다. 시바스 리갈이 탄생한 순간이었다. 당시의 시바스 리갈은 다른 스카치위스키보다 깊고 섬세한 맛이 났는

시바스 리갈을 만드는 스트라디슬라 증류소

데 몰트*의 함량이 높은 것이 그 이유였다.

그 뒤로 시바스 브라더스는 다양한 숙성 기간을 거친 제품들을 잇달아 출시했다. 18년산과 25년산 제품의 인기가 높았는데, 주력 상품의 자리를 차지한 술은 12년산 시바스 리갈이었다. 시바스 브라더스에서 다른 제품을 제치고 이 제품을 선택한 이유에는 전쟁과 관련한 역사적 배경이 얽혀 있다. 전쟁이 어떻게 시바스 리갈에 날개를 달아 주었다는 것인지 함께 들여다보자.

* 발아시킨 보리의 낱알로 맥아를 뜻한다. 몰트의 함량이 높을수록 진하고 깊은 맛이 난다.

상류층에게 큰 인기를 얻은 시바스 리갈

시바스 리갈은 출시되자마자 미국을 비롯해 서구의 상류층에게 큰 관심을 받았고, 미국과 캐나다 등지로 활발하게 수출되었다.

시바스 리갈은 탄생한 지 5년 만에 더욱 크게 성장할 기회를 맞이한다. 제1차 세계 대전이 일어난 것이다. 병사들은 전쟁터에서의 공포와 불안을 독한 술로 달랬다. 그들은 알코올 도수가 40도인 시바스 리갈을 찾아 마셨고, 덕분에 시바스 리갈의 이름은 전보다 더 널리 퍼져 나갔다.

시바스 리갈을 찾는 사람들이 늘어나자 기존의 재고는 빠르게 고갈되었다. 그러자 시바스 브라더스사에서는 12년산 시바스 리갈을 주력 상품으로 내세우기 시작했다. 숙성에 시간이 오래 걸리는 18년산이나 25년산보다 더욱 빠르게 생산할 수 있기 때문이었다. 이들은 25년산의 생산 라인을 대폭 축소하는 대신 12년산 시바스 리갈의 생산 라인을 급격히 늘렸다. '고급술이 아닌 저렴한 위스키를 생산한다'라며 브랜드 이미지에 타격을 받기도 했다. 그러나 다급한 전시 상황이었기에 시바스 브라더스 사는 12년산을 주력으로 내세운다는 방침을 계속 밀고 나갔다.

12년산 시바스 리갈

제2차 세계 대전까지 무사히 치러 냈던 시바스 리갈은 전쟁 이후 약 35개국에 수출되었으며, 미국에서만 10만 케이스를 팔아 치웠다. 이는 전 세계 고급 스카치위스키 시장의 절반을 차지하는 양이었다. 1970년에는 전 세계 시장에서 무려 열두 배나 늘어난 120만 케이스를 판매했다.

2000년대부터는 연간 400만 케이스 이상을 판매하며 세계 위스키 시장의 절대 강자로 군림한다. 특히 2002년부터 2008년까지 아시아와 태평양 시장에서 판매량이 61퍼센트나 증가했다.

2013년에는 490만 케이스 판매해 사상 최대치를 기록했지만, 2년 후인 2015년에는 440만 케이스로 약간 줄어들었다. 그럼에도 시바스 리갈은 발렌타인과 조니워커와 함께 여전히 위스키 3대장으로 꼽히며, 자신의 명성을 공고히 유지하고 있다.

남산의 부장들 옆에는 시바스 리갈이 있었다?

시바스 리갈은 언제 처음으로 한국에 상륙했을까? 정확한 기록은 알 수 없으나 해방 이후 미 군정이 들어서면서 미군을 통해 유입된 것으로 추정한다.

사실 1950년대까지만 하더라도 한국 국민의 절반가량이 빈곤층이었고, 한국의 1인당 GDP 지수는 1975년이 되어서야 비로소 북한을 앞지른다. 이러한 점을 고려한다면, 1970년대까지는 고위 정치인이나 재벌과 같은 극소수의 부유한 권력자들만이 시바스 리갈을 마실 수 있었을 것이다. 10·26 사태에서 다른 술이 아닌 시바스 리갈이 등장하는 이유도 이러한 배경과 연관되어 있다.

1979년 10월 26일, 서울의 종로구 궁정동에서 몇 발의 총소리가 들렸다. 당시 중앙정보부장이었던 김재규가 쏜 것이었다. 그는 유신 정권의 1인자였던 박정희 대통령과 2인자로 불린 대통령 경호실장 차지철을 향해 총을 쐈다. 이 두 사람은 총알을 맞은 현장에서 즉사했다. 김재규는 도대체 무슨 이유로 두 사람을 쏘아 죽였던 것일까? 여기에는 다소 복잡한 배경이 얽혀 있다.

중동의 작은 날개짓에 우후죽순 쓰러진 국가들

1990년대 무렵의 한국 사회에서는 이른바 '카오스 이론'이 유행했다. '북경의 나비가 날개를 펄럭이면 뉴욕에서는 태풍이 분다'라는 이론으로, 먼 곳에서 발생한 일이 전혀 예상하지 못했던 장소에서 뜻밖의 영향을 끼친다는 의미였다.

카오스 이론이 현실에서 그대로 벌어진 사건이 있었다. 바로 1978년 12월에 벌어졌던 중동발 오일쇼크 사태였다. 이란을 중심으로 이라크, 리비아, 시리아 등 중동의 여러 나라가 석유의 생산량을 줄이고 가격을 올리기 위해 담합하자 세계 경제가 크게 요동치기 시작했다. 특히 모든 석유를 중동에서 수입해 왔던 한국은 경제에 큰 타격을 입었다.

이때 중동 국가들이 줄인 석유의 생산량은 고작 2퍼센트에 불과했다. 매우 적은 양이라고도 생각할 수 있다. 그러나 오해하지 말아야 한다. 전 세계에서 필요로 하는 석유 생산량 중 겨우 2퍼센트만 줄어들어도 그 양을 채우기 위해 산업 체계 전반의 움직임이 매우 느려진다. 사람을 비유로 들자면, 우리 몸에서 돌아야 하는 피의 아주 적은 양만 부족해도 빈혈에 시달려 쓰러지는 현상과 같다.

오일쇼크 때문에 궁핍했던 서민들

당시 《동아일보》의 보도를 보면, 오일쇼크가 한국 경제에 끼친 피해가 얼마나 컸는지 짐작할 수 있다.

> 석유 가격과 전기요금이 오르니까 관련된 제품들의 가격도 최대 48퍼센트까지 올라갔다. 최근에 아파트와 고급 주택가 근처 상가에서는 비누, 화장지, 설탕, 식용유 등과 같은 생필품들을 상인들이 리어카와 용달차로 마구 사서 실어나른다! 사재기가 성행하는 것이다. 또한, 버스 요금까지 오른다는 소문이 돌아 미리 토큰을 사려는 시민들이 판매소에 줄을 섰다.
>
> 《동아일보》 1979년 7월 11일

실제로 1979년 3월에 박정희 정부는 석유 제품의 가격을 9.5퍼센트 올렸고, 같은 해인 1979년 7월에는 다시 석유 제품의 가격을 59퍼센트나 올렸다. 이때 전기 요금도 같이 35퍼센트 올렸다. 그리하여 1979년의 소비자물가 인상률은 21퍼센트에 달했다.

무너진 서민 경제와 부마 항쟁

오일쇼크가 한국 사회에 끼친 파문은 여기서 끝나지 않았다. 1979년 7월 17일 《동아일보》에는 석유 가격이 올라가자 비료를 구하기 어려워진 농촌에서 물레방아가 다시 등장했다는 이야기가 언급된다. 또한, 고기를 잡는 연료비를 아끼기 위해 바람을 받는 돛을 달고 바다에 나간다는 내용도 함께 실렸다.

왜 석유 가격이 올라가자 물가가 상승하고 비료를 구하기가 어려워졌을까? 이유는 간단하다. 현대 사회에서 석유는 거의 모든 상품에 들어가는 원료이기 때문이다. 비료도 석유로 만들기 때문에 석유 가격이 오르면 자연스럽게 비료 가격도 오른다. 이때 도미노처럼 연쇄 작용이 일어나 비료를 뿌려 재배하는 모든 농산물의 가격이 함께 오른다.

같은 날 《동아일보》의 7면 기사에는 공업 단지 내의 업체들이 석유 가격의 인상으로 생존에 큰 어려움을 겪고 있으며, 직원을 해고하고 생산을 멈춘 업체도 늘어났다는 내용이 실렸다. 이러한 문제는 당시 수출의 중심지였던 부산과 마산 지역에서 가장 빈번히 일어났다. 1979년, 부산에서는 부도 처리된

마산에서 일어난 부마항쟁과 군인들
출처: 대한민국역사박물관

업체가 서울보다 세 배나 더 많았으며, 같은 해인 1979년 9월 마산에서도 스물네 개의 업체들이 문을 닫아 6천여 명이 단숨에 실업자가 되었다.

이렇게 해고된 노동자들의 분노는 자연히 자신들의 생계를 외면한 박정희 정권으로 향했다. 이러한 반발 심리는 날이 갈수록 커져만 갔고, 1979년 10월 16일에 일어난 부마(부산-마산) 항쟁에 참가하도록 이끌었다.

직접 목격한 관찰자들의 증언에 따르면, 부마 항쟁에 참가한 시위대의 대부분은 가난한 노동자, 상인, 실업자였다. 직장을 잃지 않았던 샐러리맨들도 부마 항쟁을 일으킨 서민들의 어려움에 적극 공감해 시위에 참가하면서 시위의 규모는 점점 확산되었다. 당시 시위대는 부마 항쟁을 진압하기 위해 출동한 경찰들을 향해 욕설과 야유를 퍼부었다. 경찰들은 사기가 떨어질 수밖에 없었고, 경찰차가 시위대에 의해 불타 버렸는데도 "어서 저 차를 구해 내라!"고 외치는 간부의 명령에 따르지 않는 일까지 벌어졌다.

그러나 박정희 정권은 부마 항쟁이 북한의 간첩이 퍼뜨린 유언비어에 의해 일어난 공산주의 폭동이라고 보았고, 부마 항쟁에 공수부대를 투입해 시위에 참가한 시민을 무자비하게 진압했다. 정부는 오일쇼크 때문에 빚어진 서민 경제의 어려움을 몰랐을까? 그렇지 않았다. 신문만 봐도 국가 경제가 어렵다는 사실이 훤히 보였다. 모든 정보를 가장 먼저 접하는 대통령이 이를 몰랐을 리가 없었다.

하지만 박 전 대통령은 이를 해결하려는 모습을 보이지 않았다. 《동아일보》 김충식 기자가 쓴 저서인 《남산의 부장들》에 의하면, 그 무렵 박 전 대통령은 거의 매일 밤마다 가수나 배우 등 여성 연예인을 불러들여 부하들과 함께 술판을 벌였다고 한다.

오일쇼크로 일어난 부마 항쟁은 서민들의 민심이 박정희 정권으로부터 돌아섰음을 보여 주는 증거였다. 그러나 박 전 대통령은 그런 부마 항쟁을 두고 공산주의 폭동이라고 여기며 탄압하기만 했을 뿐, 서민들의 어려움을 외면했다.

한국의 현대사에서 시바스 리갈의 의미

박 전 대통령의 모습을 가까이에서 지켜본 그의 심복 김재규는 그가 정상적인 통치 능력을 잃었다고 판단했다. 그리고 1979년 10월 26일 궁정동에서 대통령을 총으로 쏘아 죽이는 10·26 사태를 일으킨다. 결국 박정희 정권은 오일쇼크로 무너진 셈이다.

공교롭게도 그날 박 전 대통령은 김재규와 차지철 같은 심복들과 함께 시바스 리갈을 마시며 유희를 즐기고 있었다. 왜 하필 시바스 리갈이었을까? 당시까지만 해도 시바스 리갈이 국내에서 구할 수 있는 거의 유일한 고급 양주였기 때문이다.

사실 박 전 대통령이 사망한 1979년대까지만 하더라도 한국은 국민 소득이 고작 2천 달러에도 이르지 못할 만큼 가난한 나라였다. 박 전 대통령은 '한국 경제 개발의 주역'으로도 불리지만, 사실 박정희 정부는 집권 내내 무역 적자에 시달렸다.*

오늘날 김재규를 추모하는 사람들은 종종 김재규의 무덤에 시바스 리갈을 올려놓고 간다. 10·26 사태를 기념하는 상징물로 삼은 것이다.

* 한국은 다음 정부가 되어서야 비로소 5억 달러라는 무역 흑자를 낼 수 있었다.

한국에서 시바스 리갈은 단순한 고급 양주가 아니라 한국 사회의 격동기를 보여 주는 살아 있는 역사의 흔적이다.

공자 때문에 탄생한 술이 있다?

공부가주

역사가 오래된 만큼 유명한 사람도 많은 중국이지만, 가장 유명한 인물을 한 명만 꼽으라고 하면 대부분 공자를 거론할 것이다. 비록 공자는 왕이나 황제가 아닌 그저 한 명의 사상가에 불과했지만, 그가 집대성한 유교 철학(유학)은 2천 년의 세월 동안 모든 중국 왕조의 통치 철학이 되었기 때문이다.

공자의 철학이라고 하면 딱딱하고 어렵겠다는 생각이 들 수도 있지만, 사실 공자의 사상은 그렇게 어렵지 않았다. 그는 “자신이 모르는 것을 솔직하게 모른다고 인정하는 것이 앎의 첫 번째 태도이다”라며 겸손함을 드러냈고, “어떤 사람이든지 나에게 육포 하나만 가져온다면 모두 가르치겠다”라며 배움의 폭넓은 전파를 강조했다.

공자는 식습관이 조금 까다로웠는데, 제철이 아닌 음식은 먹지 않았고, 음식에 어울리는 장이 없으면 식사를 들지 않았다고 한다. 그러나 술은 예외였다. 그는 술을 몹시 사랑하였고, "나는 술을 무척 좋아하여 주량에 한계가 없지만 아무리 취해도 예의에 어긋나지 않는다"라는 말을 남기기도 했다.

공자가 술을 좋아했기 때문인지 그의 고향인 산둥성 곡부에서는 약 2,500년 전인 춘추전국시대에서부터 술을 빚는 양조산업이 발달했다. 이렇듯 공자 덕분에 곡부에서 탄생한 술이 바로 공부가주이다.

공자를 기리기 위해 탄생한 술

공부가주는 글자 그대로 공자의 후손들이 조상인 공자를 기리며 제사상에 올리던 술이었다. 초창기의 공부가주는 양조주의 형태였으며, 쌀, 찹쌀, 밀, 수수, 완두콩, 보리 등이 들어갔다. 현대의 공부가주와는 달리 옥수수는 들어가지 않았을 것으로 추정하는데, 옥수수는 멕시코를 비롯한 중남미가 원산지였기 때문이다. 1492년에 콜럼버스가 쿠바에 도착하여 그곳에서 자라던 옥수수를 유럽으로 가져가 퍼뜨리기 전까지는 외부 세계에 옥수수가 전혀 존재하지 않았다.

초창기의 공부가주는 20도 이하로 알코올 도수가 낮은 술이었다. 알코올 도수가 높은 증류주를 만들려면 증류 기술이 있어야 하는데, 원나라 이전까지는 중국에 그러한 증류 기술이 없었다. 삼국지에서 주당으로 유명한 장비가 마신 술도 사실은 전부 알코올 도수가 낮은 술이었다고 전해진다.

13세기에 들어 원나라가 중동을 정복하면서 증류주를 만드는 기술도 함께 들여 왔다. 중국에서도 본격적으로 증류주를 만들기 시작한 것이다. 양조주였던 공부가주도 증류주로 새롭게 탈바꿈했는데, 알코올 도수가 최소 39도에서 최대 52도로 크게 올랐다.

수많은 학자와 황제에게 사랑받다

원나라 이후부터는 공자의 가문에서 전해지는 양조법에 따라 증류 과정을 거친 뒤, 최소 3년에서 최대 10년 동안 항아리에 넣고 숙성해 만든 술을 공부가주라고 불렀다. 완성된 공부가주는 투명한 색을 띠는데 술에서 나는 향기가 한결같이 부드럽고, 술 전체에서 달콤한 맛이 나며, 뒷맛이 길게 유지되어야 훌륭한 공부가주라는 평가를 받는다.

공부가주는 원래 공자를 모시는 제사에서만 사용된 술이었다. 그러나 수많은 황제와 학자가 존경하는 공자를 기리기 위해 그의 고향인 곡부를 찾아왔고, 공자의 후손들은 이들을 접대할 때 공부가주를 사용했다.

특히 청나라의 여섯 번째 황제인 건륭제는 유학에 깊이 빠져 곡부에 여덟 번이나 방문하였다. 건륭제는 마지막으로 곡부를 방문한 1790년 무렵에 이 공부가주를 처음으로 대접받는다.

마시자마자 공부가주의 맛에 반했던 황제는 베이징의 황궁으로 돌아가면서 공부가주를 함께 가지고 갔다. 또한, 공부가주를 매년 황실에 진상케 했는데 그 대가로 공자의 집안에는 세금을 면제해 주었다. 자신의 딸인 우 공주까지 공자의 72대 후손인 공헌배에게 시집보냈으니, 건륭제가 공부가주를 얼마나 사랑했을지 짐작할 수 있다.

문화대혁명으로 손상된 공자 가문

앞에서 언급한 국부천대 이야기를 기억하는가?(084쪽 참고) 중국 본토를 지배하던 국민당은 공산당에 밀려나 대만으로 피신하면서 공자의 직계 자손 한 명을 함께 데려갔다. 공자의 후손이니 대접받으며 잘 먹고 잘 살았을 것 같지만, 실제로는 그렇지 못했던 것 같다. 그는 수십 년 후 본토의 친척들과 다시 만난 자리에서 공부가주의 존재를 부정했다. 이게 어찌 된 일일까?

사건의 발단은 1966년 중국의 신문인 《인민일보》에서 발표한 사설에서 비롯되었다. 이들은 사설을 통해 '오랫동안 인민들을 착취했던 낡은 문화와 사상과 풍속을 모두 없애버려야 한다'라고 주장했는데, 이 글을 읽은 홍위병들이 "공가점*을 타도하자!"라고 외치며 곡부로 몰려갔던 것이다.

홍위병들은 아편전쟁 이후로 중국이 100년 넘게 외세에 시달리며 쇠약해졌던 이유를 중국의 전통문화에서 찾았다. 낡고 오래된 문화에 지배당하느라 새로운 서구 문물을 빠르게 받아들이지 못했다는 것이다. 이들은 중국의 전통문화를 파괴하고 없애야 할 장애물로 여겼다. 또한, 중국 문화의 핵심인 유교를 집대성한 공자는 이들에게 파괴해야 할 악 1순위였다.

1966년 11월 15일, 공자와 그 후손들을 묻은 무덤인 공묘에 수많은 홍위병들이 몰려왔다. 공묘를 지키는 공무원들이 나서서 "너희가 존경하는 마오쩌둥 주석도 공묘를 파괴하라는 말은 하지 않았다. 도대체 왜 이러는 것이냐?"라고 말렸다. 그러나

* 孔家店, 공자가 집대성한 유교 사상을 낮춰 부르는 말

몰려오는 홍위병들의 수가 너무 많았고, 그들은 누군가가 자신들의 일을 방해하면 곧바로 폭력으로 응수했기에 공무원들의 제지도 소용이 없었다.

공묘로 몰려간 홍위병들은 공자를 기리는 비석과 편액을 부수고 폭탄을 터뜨려 공자와 후손들의 무덤을 파괴했다. 이때 공자의 76대 후손인 공령이의 무덤도 파괴되었는데, 홍위병들은 무덤에서 꺼낸 공령이의 유골이 입고 있던 옷을 모두 벗긴 채로 나무에 매달아 놓았다. 자신의 조상을 숭배하던 중국인들, 특히 공자를 가리켜 만세의 스승이라고 추앙했던 그 후손들에게 이만큼 치욕스런 모욕은 없었다.

공자의 무덤이 홍위병에 의해 파괴와 약탈을 겪었고, 유골마저 모욕당했다는 사실은 세간에 빠른 속도로 퍼졌다. 이 소식은 중국 국경을 넘어 대만에 이주해 살고 있던 공자의 77대손 공덕성도 알게 되었다.

공자의 후손이 공자를 부정하다

국민당의 총수 장제스가 대만으로 피신할 때 함께 데려간 공자의 직계 자손이 바로 공덕성이다. 장제스는 국민당이 공산당보다 중국 문화의 정통성을 더 잘 보존했다고 선전하기 위해 공덕성을 데려갔다.

이는 매우 탁월한 선택이었다. 만약 공덕성이 대만으로 이주하지 않고 중국 본토에 남았다면 홍위병에게 큰 봉변을 당했을 가능성이 높기 때문이다. 중국 본토에서 문화대혁명의 잔인한 풍파가 오랜 시간 동안 지속됐다는 점과 앞에서 언급한 홍위병들의 공묘 파괴 사건 등을 고려해 보면 그렇다.

더구나 공덕성은 홍위병들이 무덤에서 유골을 꺼내 나무에 매달았던 공령이의 아들이었다. 자기 아버지의 유골이 그렇게 모욕을 받았던 사실을 알게 된 공덕성의 기분이 어떠했을지는 굳이 설명하지 않아도 알 것이다.

중국 본토를 다스리고 있던 중국, 즉 중화인민공화국 정부는 공덕성에게 여러 차례 곡부를 방문해 달라고 간청했지만 공덕성은 끝내 가지 않았다. 심지어 1995년 중국 본토에서 살고 있던 누이인 공덕무와 다른 친척들이 대만을 방문했을 때 공덕성은 공부가주를 보고 "이게 뭡니까? 나는 이런 술을 모릅니다. 우리 가문에는 이런 술이 없었습니다"라며 신경질적으로 반응했다고 전해진다.

공자의 후손인 공덕성이 공자의 가문에서 대대로 만들어 왔던 공부가주를 정말 몰랐을 리는 없다. 자신의 조상을 그토록 모욕한 중화인민공화국 정부에 격분했고, 중국 본토에서는 공자 가문과 그 문화의 맥이 끊어졌다는 의미로 부정한 것이라 보아야 옳다.

공부가주는 정작 그 술의 주인이라고 할 수 있는 공자의 후손으로부터 거부당한 셈이다. 공덕성은 이러한 태도를 끝까지 유지해서 죽은 뒤에도 곡부에 묻히는 것을 거부했다고 한다.

포르투갈은 어떻게 영국과 친해진 걸까?

포트와인

영국은 요리를 향한 열정이 크지 않고 음식 문화가 형편없기로 악명 높은 나라다. 그러나 술을 향한 이들의 사랑은 놀랄 만큼 크다. 특히 와인을 즐겼는데 그중 하나가 포르투갈에서 만든 포트와인이다. 영국인들은 중세 시절부터 포르투갈산 포트와인을 수입해 마시는 것을 좋아했는데, 여기에 얽힌 역사적 배경을 함께 들여다보자.

영국과 포르투갈 사이의 우정의 증표

흔히 영국을 가리켜 '신사의 나라'라고 부른다. 사실 이 표현은 역사적 사실과는 그다지 들어맞지 않는다. 세계사에서 영국이라는 나라가 보여 준 행동은 점잖고 품위 있는 신사라기보다는 거칠고 난폭한 폭력배에 가까웠다.

영국군이 프랑스로 쳐들어가 100년 넘게 벌인 백년전쟁을 비롯해 대서양의 제해권을 두고 영국과 네덜란드 사이에 벌어진 영란전쟁, 영국이 스페인을 기습했던 카디스 전투, 나폴레옹과의 전쟁으로 덴마크를 침략했던 덴마크 폭격, 제1차 세계대전 당시 튀르키예를 공격했던 갈리폴리 전투 등등 유럽 각지에서 영국이 벌인 전쟁은 셀 수 없이 많다. 이런 역사적인 이유로 유럽 대륙에는 영국을 향한 좋지 않은 감정이 은근하게 퍼져 있다.

그러나 어느 곳을 가든 예외는 있기 마련이다. 유럽에서도 영국과 좋은 관계를 유지하는 나라들이 있는데, 그중 하나가 포르투갈이다. 대서양을 사이에 두고 서로 멀리 떨어진 곳에 있는 두 나라가 어떻게 지금까지 친밀한 사이를 유지하는 걸까? 이유를 알려면 두 나라가 처음 접촉했던 시점까지 거슬러 올라가야 한다.

오늘날 스페인과 포르투갈이 있는 이베리아 반도는 5세기부터 8세기까지 게르만족이 세운 서고트 왕국이 지배했었다. 이들이 모로코에서 지중해를 건너 쳐들어온 이슬람 제국의 군대에 멸망한 뒤로는 이베리아 반도의 대부분이 이슬람 세력의 지배를 받았다. 포르투갈의 수도인 리스본도 427년 동안 이슬람 세력이 지배했다.

리스본이 이슬람 세력으로부터 해방된 것은 1147년에 이르러서였다. 영국이 같은 기독교를 믿는 포르투갈 주민을 이교도인 이슬람교의 지배로부터 해방시키겠다며 리스본에 군대를 보낸 것이다. 이들은 이슬람 세력을 몰아내었고, 포르투갈 국민에게 리스본을 되돌려 주었다.

포르투갈 왕실은 감사의 뜻으로 영국과 우호적인 관계를 맺었다. 이는 사실 단순한 친선 차원에서 맺은 관계가 아니었으며, 영국과 군사 동맹을 맺기 위한 목적이 컸다. 포르투갈은 이슬람 세력을 몰아낸 뒤에도 오늘날 스페인의 뿌리인 카스티야와 레온 같은 강대국들로부터 위협을 받았고, 영국의 도움을 받아 그들을 견제하려 했다.

1386년 포르투갈과 영국은 윈저 조약을 체결하여 두 나라 사이의 긴밀한 외교 관계를 조성했다. 이때 무역의 문도 함께 열었기에 포르투갈의 다양한 상품이 영국으로 대거 수출되었다. 그중 가장 대표적인 상품이 바로 포르투갈의 특산품인 포트와인이었다.

4,000년의 역사를 품은 포트 와인

알고 보면 포르투갈의 와인은 매우 오랜 역사를 지녔다. 고대 이베리아 반도의 주민이었던 타르테소스인은 기원전 2000년 무렵, 오늘날 포르투갈과 스페인의 국경을 따라 흐르는 타구스 강 부근에 포도원을 세워 포도를 재배했다. 그리고 약 1천 년 후인 기원전 10세기 무렵에는 레바논인의 조상이자 고대 지중해 세계를 무대로 활발한 해상 무역을 벌이던 페니키아인이 중동과 카르타고*에서 가져온 포도 품종과 와인 양조 기술을 포르투갈에 가져왔다.

기원전 7세기에는 고대 그리스인이 포르투갈 남부로 이주를 와 포도 재배를 더욱 발전시켰다. 현재 포르투갈 남부의 알카세르 두 살(Al' Casas do Sal) 지역에서 고대 그리스의 꽃병들이 발견되었는데, 고고학자들은 이 유물이 고대 그리스인들이 포르투갈 현지의 와인을 마셨다는 증거라고 보고 있다.

꽤 오랜 시간이 지난 뒤 많은 수의 로마인이 포르투갈로 이주해 온다. 이들은 포르투갈을 와인의 수호신인 바쿠스의 아들, 루수스의 이름을 따서 루시타니아(Lusitania)라고 불렀다. 로

* 지금의 튀니지 지역

마인은 새로 정착한 포르투갈에서 포도의 재배와 와인의 생산을 확장하고 장려하기 위해 많은 노력을 기울였다. 마치 이탈리아, 프랑스, 스페인에서 그랬던 것처럼 말이다.

얼마 가지 않아 포르투갈의 와인 생산은 포르투갈의 북쪽과 내륙으로 확장된다. 이는 포르투갈 내에서 와인의 지역 소비를 늘리고 로마로의 수출을 꾀하기 위함이었다. 로마의 포르투갈 지배가 끝날 무렵에는 포르투갈 지역 전체에서 와인이 생산되었다.

395년 로마 제국은 서유럽을 지배하는 서로마 제국과 동유럽을 지배하는 동로마 제국으로 분열된다. 475년에는 서유럽을 지배하던 서로마 제국이 멸망하고 이베리아 반도로 게르만계 부족인 고트족이 쳐들어와 서고트 왕국을 세운다. 지배자가 바뀌었으나 포르투갈의 포도 재배와 와인 생산은 계속 유지되었다.

타국의 갈등 속에서 포착한 기회

9세기 중엽, 현재 스페인 북부 지역인 아스투리아스를 지배했던 왕 오르 도뇨는 포르투갈 중부 도시인 코임브라 주변의 포도원과 토지 소유의 권한을 현지 기독교 수도원 단체에게 맡

포르투갈 역사상 가장 성공한 와인인 포트와인

졌다. 《성경》에는 와인이 예수 그리스도의 피라고 명시되어 있기 때문에 수도원에서는 미사 때 쓸 와인을 만들었다. 또한, 와인의 재료인 포도를 기르는 포도원을 관리하는 기술을 보존하고 발전시켰다. 포르투갈의 포도 재배와 와인 생산 기술을 수도원에서 도맡았던 이유이다.

포르투갈은 와인 사업을 확장하기 위해 여러모로 애를 썼다. 그러나 만약 와인을 사 줄 사람이 없었다면 이들의 노력은 전부 허사로 돌아갔을 것이다. 그런 의미에서 포르투갈이 12세기부터 영국과 우호적인 관계를 이어 온 것은 행운이었다. 영국은 햇볕이 내리쬐는 날이 적고 서늘한 기후 때문에 포도를 재배하는 데 적합하지 않았다. 일상에서 소모되는 와인을 외국에서 수입해야 했는데, 대부분 거리가 가까운 프랑스에서 수입해 왔다. 특히 영국 국왕 헨리 2세는 1152년 프랑스의 왕비였던 엘레오노르와 결혼하고 지참금으로 보르도 지역을 받았다. 그가 죽기 전까지 영국인들은 식사 때 보르도의 와인을 마시는 즐거움을 누렸다.

그러나 헨리 2세가 죽고 나서 영국과 프랑스 간의 군사적 갈등이 심화하였다. 프랑스 와인을 영국으로 수입해 오기가 어려웠기에, 영국인들은 프랑스 대신 새로운 와인 수입처를 찾아야 했다. 그곳이 바로 포르투갈이었다.

포르투갈의 최북단인 미뉴 지역에서는 12세기 초부터 영국으로 포르투갈 와인을 조금씩 수출하기 시작했다. 이 미뉴 지역의 포르투갈 와인이 현대 포르투갈의 와인 종류 중 하나인 비뉴 베르데(Vinho Verde)의 모태가 되었다.

영국으로 수출되던 미뉴의 와인은 현대 비뉴 베르데처럼 가볍고 산뜻한 맛을 지녔는데, 이런 맛이 영국인들의 입맛에는 잘 맞지 않았던지 여전히 많은 영국인이 어렵게 수입한 보르도산 와인을 마시길 고집했다.

프랑스 와인의 대체재가 되다

영국이 프랑스를 비롯해 다른 유럽 국가와 정치적, 군사적

포트와인의 수입을 크게 늘린 영국 국왕 찰스 2세

갈등을 빚을 때마다 해당 국가에서 수입하는 와인의 양은 계속 줄어들었다. 반대로 포르투갈이 영국으로 수출하는 와인의 양은 점점 더 늘어났다.

1679년에는 영국 의회가 프랑스산 와인의 수입을 전면 금지한다. 국왕 찰스 2세가 프랑스로부터 수입하는 와인에 세금을 매겨 자신의 재산을 늘리는 것을 막기 위해서였다. 프랑스 와인의 수입이 금지되자, 찰스 2세는 프랑스가 아닌 포르투갈산 와인의 수입을 대폭 늘렸다.

1678년에는 영국으로 수입되는 포르투갈산 와인의 양이 427톤에 불과했으나, 7년 후인 1685년에는 무려 14,000톤으로 약 서른 배나 증가했다. 1717년까지 포르투갈 와인은 영국으로 수입된 전체 와인 비율의 66퍼센트 이상을 차지하였지만, 프랑스 와인의 수입 비중은 단 4퍼센트로 급격히 줄어들었다.

당시 영국 시장에서 알코올 도수가 높은 포르투갈 와인의 인기가 점점 높아지고 있었다는 사실을 방증하는 자료이다.

수도원에서 탄생한 포트와인

포트와인의 유래에 얽힌 재미있는 이야기가 전해지고 있다. 1678년 영국의 와인 상인이 영국으로 수입할 새로운 포르투갈산 와인을 찾기 위해 포르투갈로 여행을 떠난다. 그는 포르투갈의 라메고 마을에 위치한 한 수도원을 방문했는데, 마침 그곳의 수도원장이 영국 와인 상인들이 한 번도 본 적 없었던 새로운 형태의 와인을 만들고 있었다. 그것은 포르투갈에서 영국까지 먼 거리를 항해하는 와중에도 쉽게 상하지 않도록 알코올 도수를 높인 포트와인이었다.

수도원장은 아과르 덴테(Aguar Dente)라는 포도로 만든 브랜디를 와인이 발효될 때 첨가해 풍미를 더하고 알코올 도수까지 함께 높이는 데 성공했다.

이 포트와인을 시험 삼아 마셔 본 영국 상인은 그 맛에 반했고, 바로 수입을 결정했다. 참고로 포트와인이란 이름은 포르투갈의 항구인 오포르투(Oporto)를 통해 영국으로 수입되는 과정에서 붙여진 이름으로, 오포르투가 포트로 줄어들면서 포트와인이 되었다.

포트와인은 영국으로 수입되자마자 곧바로 영국인에게 열렬히 사랑받았다. 특히 영국인들은 그들이 즐겨 먹던 소고기 요리가 포트와인이 잘 어울린다고 여겼고, 식사 때마다 포트와인을 찾아 마셨다.

영국인의 오래된 소고기 사랑과 포트와인

흔히 영국 요리라고 하면 '맛이 없다'라는 이미지를 떠올리는 사람이 많다. 외국인들이 '영국 음식은 맛이 없다'며 놀리는 경우가 많기도 하고, 영국인 스스로도 그런 식의 자학적인 인식을 갖고 있기도 하다. 그러나 앞으로 다룰 내용에서 중요한 점은 영국 음식의 '맛'이 아니다. 중요한 것은 유럽에서 소고기를 가장 많이 먹은 민족이 바로 영국인이며, 이 때문에 소고기와 잘 어울린다고 생각한 포트와인의 소비량이 늘어났다는 사실이다.

오래전부터 영국인들은 소고기를 좋아했다. 기원전 5세기에 켈트족은 유럽 대륙에서 영국으로 이주해 오면서 소고기를 먹는 풍습을 함께 들여왔다. 영국의 지배자가 켈트족에서 로마인, 앵글로 색슨족, 바이킹족, 노르만족으로 계속 바뀌는 과정에도 소고기를 향한 영국인의 사랑은 꾸준히 이어졌다.

중세 시대 영국의 부유층은 고기를 많이 먹는 것을 미덕으로 여겼다. 특히 소고기가 가장 훌륭한 고기로 취급받았는데, 소고기를 먹어야 힘과 용기가 생기고 남자다운 모습을 갖게 된다는 믿음 때문이었다. 영국의 왕족과 귀족은 거의 매일 같이 소고기를 마구잡이로 먹어 댔다.

엘리자베스 여왕이 다스리던 시절에도 영국인의 소고기 사랑은 뜨거웠다. 왕족이나 귀족 같은 지배층은 말할 것도 없었고, 부자가 아닌 평범한 사람들도 구운 소고기와 소고기를 넣은 스튜를 일상에서 잔뜩 먹어 댔다.

영국의 군인들도 소고기를 즐겨 먹었다. 15세기에 왕위 계승을 둘러싸고 벌어진 내전인 장미전쟁에서 왕족과 귀족 들은 각자 고용한 군인들에게 식량 겸 급료로 불에 구운 소고기를 나눠 주었다. 또한 영국 왕궁을 지키는 경비병들을 비프이터(Beefeater), 즉 소고기를 먹는 사람들이라고 불렀다. 그들이 급료로 소고기를 받았기 때문이었다.

18세기 초반, 영국의 수도인 런던에서는 1년마다 10만 마리의 소가 도축되었는데, 같은 기간 내에 프랑스, 이탈리아, 스페인에서 도축한 소보다 훨씬 더 많은 숫자였다. 매해 많은 소가 도축되자 소고기를 이용한 요리도 더욱 많아졌다. 소고기를 실로 묶어 오븐에 넣고 불에 구운 요리인 로스트 비프는 부유한 영국인 가정이라면 반드시 식탁에 올라와야 하는 중요한 음식으로 인식되었다.

포트와인은 영국에서 로스트 비프를 먹고 나서 마시는 술로 자리를 잡았다. 포트와인의 달콤하면서 높은 도수가 로스트 비프 같은 소고기 요리와 잘 어울린다는 이유에서였다.

영국인들은 포트와인이 병을 낫게 하는 치료제라고도 믿었다. 영국 총리였던 윌리엄 피트 2세는 어렸을 때 통풍으로 겪은 고통을 치료하기 위해 14세 때부터 하루에 한 병씩 포트와인을 마셨다. 그러나 이는 잘못된 믿음이었다. 지나친 음주로 피트 2세는 오히려 통풍의 고통이 더욱 악화한 상태에서 평생을 살아야 했다.

철저한 관리 끝에 되찾은 인기

포트와인의 인기가 높아지자 불량품도 늘어났다. 포르투갈의 와인 생산업자들은 와인에 설탕과 엘더베리 주스, 심지어 후추와 계피와 생강 같은 향신료들을 넣기도 했다. 적은 비용으로 알코올 함량을 높이고 색깔을 짙게 만들기 위해서였다.

이렇게 만든 불량품 포트와인이 영국에 수입되자 영국인은 가짜 포트와인을 샀다며 불평을 했다. 포트와인 중 상당수가 이런 불량품이라는 사실이 알려지자 영국의 포트와인 수입은 1728년 1,363만 리터에서 1756년에는 659만 리터로 절반 이하까지 줄어들었다. 불량 포트와인을 향한 반발심 때문에 진짜 포트와인의 가격도 낮아졌다. 포트와인을 정성껏 만드는 양심 있는 업자들도 그만큼 손해를 보게 된 것이다.

문제를 두고만 볼 수 없었던 포르투갈의 총리 폼발 후작은 1756년에 도루 와인 회사(Douro Wine Company)를 만들어 포트와인의 품질을 철저하게 관리하도록 지시를 내렸다. 도루 와인 회사의 첫 번째 규정은 도루 지역을 포트와인이라는 상표를 붙여 팔 수 있는 유일한 지역으로 인정하는 것이었다. 그 결과 다른 지역에서 마구잡이로 만들던 가짜 포트와인을 시장에서 빠르게 없앨 수 있었다.

도루 와인 회사는 포도의 수확에서 와인의 제조와 숙성까지 모든 단계에서 포트와인의 생산을 감독했다. 또한, 도루 지역에 자라는 엘더베리를 전부 제거하여 포트와인에 불순물이 들어가는 것을 막았다.

이러한 노력에 힘입어 포트와인은 예전의 명성을 되찾았다.

포트와인이 맛이 돌아왔다는 소식을 들은 영국에서도 포트와인을 다시 수입하기 시작했다. 1799년에 영국은 무려 4,400만 리터의 포트와인을 수입했다. 이를 1년 안에 소비하려면 영국의 모든 남성과 여성과 어린이가 한 명당 5리터의 포트와인을 마셔야 했다고 하니, 영국인의 포트와인 사랑이 얼마나 대단했는지 알 수 있는 부분이다.

포트와인을 연달아 덮친 재앙들

1807년, 프랑스 군대가 포르투갈의 도루를 침공하자 도루의 와인 생산업자들은 전쟁을 피해서 달아나 버렸다. 당연히 포도를 재배하거나 와인을 만들지 못했기 때문에 포트와인 제조에 큰 타격을 입었다.

프랑스 군대의 침공은 1809년에 끝났지만, 그 이후로도 포트와인은 좀처럼 손해를 회복하지 못했다. 그 이유는 포트와인의 주된 고객인 영국인의 입맛이 변했기 때문이다. 19세기에 들어서자 영국인은 아시아나 아메리카 대륙에서 수입해 온 차, 커피, 초콜릿 같은 새로운 기호품을 즐기기 시작했고, 점차 포트와인을 멀리했다.

영국 시장에서 포트와인의 수요가 줄어들자 포르투갈의 와인 생산업자들은 1500년부터 포르투갈의 식민지였던 남아메리카의 브라질을 새로운 시장으로 선택했다. 브라질에서는 포트와인이 판매와 유통이 허가된 유일한 와인으로 자리 잡았기에 포르투갈의 와인 업체들이 어느 정도 이익을 보았다.

그러나 문제는 포트와인의 가격이 브라질에서만 다섯 배나 더 비쌌다는 점이었다. 브라질 현지 주민은 원산지보다 비싼 값을 주고 포트와인만 마셔야 하는 현실에 강한 불만을 품었다. 1822년 9월에 브라질이 포르투갈로부터 독립하자 이러한 포트와인의 독점은 완전히 폐지되었다.

브라질 시장의 독점을 상실한 뒤로 약 40년 동안 유럽의 포도 재배 단지에는 진딧물과 벌레의 일종인 필록세라가 들끓었다. 당시 포르투갈의 와인 생산 산업은 크게 휘청거렸다. 포도가 자라기도 전에 필록세라에 죽어 와인을 생산도 하지 못했다. 사실상 전 세계의 와인 산업을 접어야 할 정도로 필록세라가 창궐했다. 포르투갈에서는 그나마 필록세라에 잘 버텼던 프랑스산 포도 묘목을 가져와 새로운 포도 종자를 만들어 보급하면서 필록세라 전염병으로부터 간신히 벗어날 수 있었다.

그러나 이 포도 종자로 만든 포트와인은 예전에 생산되던 포트와인보다 맛이나 품질 면에서 좋지 못했고, 그런 이유로 19세기 말엽까지 포트와인은 대중들의 관심을 받지 못하며 잊히는 분위기였다.

그럼에도 살아남은 포트와인

20세기 초에 접어들면서 포르투갈의 총리 안토니우 드 올리베이라 살라자르가 와인 산업을 전면 재정비했다. 살라자르는 작은 포도원 농지를 가진 지주들이 중심이 되어 와인을 만드는 협동조합을 꾸리도록 지시했다. 이때부터 포트와인을 비롯한 포르투갈의 와인 산업은 새로운 전기를 맞게 된다.

다만 살라자르의 조치를 두고 포르투갈의 와인 산업에 질서를 안겨 주었다는 평가와 와인 산업의 창의성과 자유를 억압했다는 평가가 엇갈리고 있다. 실제로 협동조합이 여러 와인 생산 지역에서 거의 절대적인 권력을 갖게 되면서 와인을 제조할 때 위생의 기준이 낮아졌다. 포르투갈 와인 산업의 명성에 부정적인 영향을 끼친 것이다.

1974년 4월 25일, 포르투갈의 청년 장교들이 이른바 카네이션 혁명을 일으켜 독재 정부였던 포르투갈 제2공화국을 무너뜨린다. 그리고 빈자리에 민주 정부가 들어선다. 그동안 와인 산업을 독점해 왔던 협동 조합은 그 권한을 잃었으나, 대신 외국으로부터 포르투갈 와인 산업에 수많은 투자 자금이 유입되었다.

이때 유입된 투자금과 외국으로부터 새롭게 도입한 기술은 포트와인을 비롯한 포르투갈 와인 산업 전반에 다시 긍정적인 바람이 불어넣었다. 이러한 흐름에 힘입어 과거 영국인들을 매혹시켰던 포트와인의 명성 또한 서서히 되찾아 가고 있다.

독일이 '침략'해서 탄생한 중국의 맥주

칭따오 맥주

중국인은 역사가 오래된 만큼 다양한 종류의 술을 만들어 마셨다. 그러나 보리를 발효시켜 만든 술인 맥주는 만들지 않았으니 참으로 이상한 일이었다. 그렇다면 중국에 맥주가 등장한 시점은 언제였을까?

칭따오 맥주가 탄생한 역사

중국이 서구 열강의 침탈에 시달리던 시기인 19세기 말엽이었다. 독일 제국은 여러 개로 분열되어 있었던 나라를 하나의 국가로 통일하기 시작했다.

독일 황제 빌헬름 2세

새로운 황제인 빌헬름 2세가 즉위하고 내부가 안정되자 독일도 다른 유럽 국가들처럼 해외 식민지 탐색에 나선다. 빌헬름 2세는 할머니이기도 한 영국의 빅토리아 여왕이 전 세계 영토의 약 3분의 1을 지배하는 대제국을 통치한다는 사실을 몹시 부러워했다. 자신이 다스리는 나라인 독일도 영국 못지않게 방대한 해외 식민지를 지배해야 위신이 바로 선다고 믿었다.

빌헬름 2세는 아직 영국이 차지하지 못한 지역을 공격해 식민지로 삼으려 혈안이 되었는데, 그런 곳 중 하나가 바로 중국의 청나라였다.

그 무렵 청나라는 극심한 부패와 혼란에 시달리고 있었다. 중국인들 스스로 동아시아의 환자라는 뜻의 '동아병부(東亞病

夫)'라는 말을 지어내 자조할 만큼 쇠약해진 상태였기에, 강대국의 반열에 들어선 독일이 공격한다면 막아 낼 수 없을 것이라고 판단한 것이다.

1897년 11월 14일, 독일군이 현재 중국 산둥성의 칭따오가 포함된 산둥 반도의 교주만(膠州灣)을 공격하였다. 당시 청나라는 2년 전 청일전쟁에서 패배하고 일본에 2억 냥(약 3억 엔)이라는 막대한 전쟁 배상금까지 지불했기에 독일군과 제대로 싸울 형편이 되지 못했다. 청일전쟁의 패배로 몸살을 앓던 청나라 정부는 독일과 국운을 걸고 전쟁을 벌이는 것을 꺼려 전쟁을 빠르게 마무리 짓고자 했다.

교주만은 순식간에 독일군의 점령하에 놓였다. 1년 뒤인 1898년 청나라는 독일군이 점령한 교주만과 그 부근을 독일 정부가 99년 동안 영향력을 행사하는 지역인 조계(租界)로 넘겨 준다는 내용을 담은 중독교오조계조약(中德膠澳租界條約)을 맺었다.

왜 99년이라는 기한을 조약에 넣었을까? 당시 19세기 말엽 독일을 비롯한 서구 열강들은 청나라가 영원히 쇠약한 상태에서 지낼 것이라며 깔보았다. 이들은 99년이라는 시간이 지나도 그 기한을 계속 연장해 사실상 영구히 지배할 수 있다고 여겼다.

칭따오 전투에 나서는 독일군 병사들의 모습

교주만과 그 지역은 독일의 해외 식민지 중 하나인 키아우초우 조계가 되었고, 독일 군인과 공무원, 그 가족이 독일 본토에서 이주해 왔다.

중국에서 직접 맥주를 만든 독일인들

키아우초우 조계에 살게 된 독일인은 그들의 고향에서 즐겨 마시던 맥주를 현지에서 마실 수가 없었다. 처음에는 독일 본국에서 맥주를 가져왔으나, 시간이 오래 걸리는 데다 거리가 먼 관계로 맥주의 맛이 변질됐다. 이들은 본국에서처럼 언제나 자유롭게 맥주가 마시고 싶었기에 키아우초우 조계 현지에서 직접 맥주를 만들기로 한다.

독일인은 이미 홍콩이라는 식민지를 지배하고 있었던 영국인에게 도움을 요청했다. 그리하여 1903년 8월에 영국-독일 맥주 회사(Anglo-German Brewery Co. Ltd)가 설립되었다. 영국-독일 맥주 회사는 독일과 영국의 자본이 합작하여 홍콩에 본사를 둔 기업이었으며, 납입자본금은 40만 멕시코 은화, 주식 가격은 각각 100달러인 4,000주로 나누어졌다.

맥주를 빚는 양조장은 칭따오 현지에 '게르마니아 양조장 칭따오(Germania-Brauerei Tsingtao)'라는 이름으로 설립되었다. 영국-독일 맥주 회사는 칭따오 현지의 물을 정수해서 맥주 제조에 사용했는데, 그런 이유로 영국-독일 맥주 회사에서 만드는 술을 칭따오 맥주라고 불렀다. 최초의 칭따오 맥주는 1904년 12월에 출시되었다고 한다.

일설에 의하면 칭따오가 위치한 산둥 지역의 물에는 석회 성분이 많아 개울가의 바위에 하얀 가루가 끼었는데, 이를 본 독일인들이 칭따오 현지의 물로 맥주를 만들 생각을 했다고 전해진다. 왜냐하면 독일 현지의 물에도 석회 성분이 많았고 이 물을 이용해 만든 맥주는 맛이 무척 좋았기 때문이다. 이들은 독일에서 멀리 떨어진 산둥 지역에서도 석회 성분이 많은 물을 이용한다면 독일 맥주와 같은 품질의 좋은 맥주를 만들 수 있을 것이라 생각했다.

초창기에는 주로 중국에서 거주하는 유럽인이 칭따오 맥주를 마셨다. 처음에는 지금의 칭따오 맥주처럼 중국인에게 열렬한 사랑을 받지는 못했던 것 같다. 중국인이 칭따오 맥주의 존재 자체를 몰랐을 수도 있지 않냐고 생각할 수 있다. 그러나 키아우초우 조계의 독일인들과 교류를 했던 중국인이 많았고, 이들 중에서 독일인이 내놓는 칭따오 맥주를 마셔 본 사람들도 있었을 것이다.

'삼국 간섭'으로 칼을 갈았던 일본

16년이 지난 1914년에 제1차 세계 대전이 터지자 키아우초우 조계는 위험에 처했다. 키아우초우 조계를 지키던 독일군 병력의 대부분이 독일 본토를 지키러 떠나는 바람에 외부의 침입에 제대로 대처하기가 어려워졌던 것이다. 이러한 키아우초우 조계의 상황을 눈여겨보고 있던 나라가 있었다. 바로 일본이었다.

일본은 청일전쟁에서 승리한 직후인 1895년 4월 23일, 러시아와 프랑스와 독일의 압력에 의해 청나라로부터 빼앗은 영토인 랴오둥(요동) 반도를 다시 청나라에게 되돌려 준 적이 있었다. 이른바 '삼국간섭'을 당한 것이었다.

그 뒤로 일본은 외교적 압력을 가했던 세 나라에 원한을 품었는데, 마침 독일이 제1차 대전 때문에 키아우초우 조계를 두고 본토의 방어에 집중하러 떠난 것이다. 일본은 독일이 멀리 떨어진 조계지를 제대로 지키지 못하리라 판단했다. 그리고 키아우초우 조계를 비롯한 산둥 반도를 점령하기 위해 과감히 전쟁을 일으켰다.

1914년 10월 30일, 일본군 24,500명이 키아우초우 조계를 공격하기 시작했는데, 이를 칭따오 전투라고 부른다. 칭따오 전투는 8일 후인 1914년 11월 7일에 끝났는데, 지키던 독일군은 고작 3,750명으로 일본군과 비교하면 수적으로 상당히 열세였다. 무엇보다 일본군에 맞서 버틸 물자나 무기도 충분하지 않았기에 처음부터 독일에 불리한 전투였다.

일본에게 소유권이 넘어가다

1914년 11월 7일, 마침내 키아우초우 조계의 독일 식민지 정부는 일본군에 공식적으로 항복을 선언했다. 이 소식을 접한 일본의 언론 《도쿄 아사히》 신문은 기사에 즐거워 죽을 지경이라는 뜻의 유절쾌절(愉絶快絶)이라는 문장까지 쓰면서 일본의 승리를 열렬히 찬양했다.

키아우초우 조계가 일본군에 점령됨에 따라 게르마니아 양조장 칭따오의 소유권도 불안해졌다. 약 2년 뒤인 1916년, 중국에서 서양인이 가장 많이 거주했던 도시인 상하이에서 게르마니아 양조장 칭따오의 소유권을 두고 임시총회가 열렸다.

키아우초우 조계 지역은 이제 일본 군정의 통제를 받게 되었으니 더는 영국-독일 맥주 회사가 소유권을 행사할 수 없으며, 일본의 맥주 회사에 그 권한을 넘기기로 결론이 나왔다.

한 달 뒤 게르마니아 양조장 칭따오의 소유권은 일본의 맥주 회사인 대일본맥주로 넘어갔다. 일본은 독일과의 외교적 관계를 고려하여 게르마니아 양조장 칭따오의 소유권 중 독일의 지분을 70퍼센트 인정해 주었다. 또한 주주에게 귀속되는 판매 가격의 독일 지분도 1921년 4월 2일까지 독일 이사진들이 갖는 것을 허용했다.

이 대일본맥주는 일제가 패망한 4년 후인 1949년에 아사히 맥주와 삿포로 맥주로 분할되었다.

돌고 돌아
중국의 맥주가 되다

일본이 산둥 반도를 장악하고 즐거워 죽겠다며 노래를 부르던 기간은 고작 31년에 불과했다. 1945년 8월 15일, 일본은 제2차 세계 대전에서 패배하며 미국, 소련, 중화민국 등의 연합국에 무조건 항복을 선언한다. 동시에 중국에서도 바로 철수했는데, 이때 칭따오의 맥주 양조장은 승전국인 중화민국이 차지하였고 그 감독의 권한은 추이(Tsui) 가문이 맡았다.

그러나 4년 뒤인 1949년, 약 4년에 걸친 국공내전에서 공산당이 승리하자 칭따오 맥주 양조장의 소유권은 공산당이 차지하였고 추이 가문은 양조장을 비롯한 모든 지분을 몰수당했다. 또한, 양조장은 중화인민공화국 정부가 경영하는 국영 기업으로 바뀌었다.

한동안 국영 기업이었던 칭따오 맥주 양조장은 1990년대에 들어서 그 소유가 민간에 넘어간다. 1993년에는 칭따오의 다른 맥주 양조장과 합병되어 최종적으로 '칭따오 맥주 회사'로 이름이 바뀌었다. 그해 1993년 6월, 칭따오 맥주는 홍콩 증권거래소에 상장된 최초의 중국 기업이 되었다.

부드러운 맛이 강점인 칭따오 맥주

칭따오 맥주의 알코올 도수는 대략 4.7도이다. 이 수치는 10도 이상의 독한 맥주들이 판을 치는 미국이나 유럽의 맥주에 비하면 상당히 낮은데, 그런 이유로 칭따오 맥주는 진입하는 장벽이 낮고 주량이 약한 이들도 쉽게 마실 수 있는 편안한 술이 되었다.

또한 칭따오 맥주는 보리와 홉을 사용하는 일반 맥주들과는 달리, 만드는 과정에서 쌀이 들어가기 때문에 부드러운 맛이 특징이다. 이런 제조 과정이 과거 독일인이 왔을 때부터 있었는지, 아니면 세월이 지나고 나서 칭따오 맥주의 소유권이 중국인에게로 넘어왔을 때 새로 생겼는지는 알 수 없다. 개인적인 추정으로는 아마 후자 쪽이 아닐까 싶은데, 밀가루로 만든 빵과 고기가 주식인 독일인이 낯선 식재료인 쌀을 맥주에 넣었을 것 같지는 않기 때문이다.

칭따오 맥주는 1980년대까지만 하더라도 중국의 내수 시장보다는 해외 시장에 더 많이 팔려 나갔다. 당시 중국은 매우 가난한 나라였기에 맥주의 소비량이 적었기 때문이다. 그런 이유로 칭따오 맥주 양조장은 한동안 해외 시장에 집중할 수밖에 없었다.

국내를 넘어 해외로 진출하다

1972년 미국에 칭따오 맥주가 정식으로 수입되었다. 당시까지만 하더라도 중국과 미국의 관계가 그리 좋지 못했지만, 그럼에도 칭따오 맥주는 미국에서 좋은 반응을 얻어 곧바로 미국의 미국의 맥주 시장에서 가장 많이 팔리는 중국 맥주로 떠올랐다.

이미 미국 맥주 시장에는 주강 맥주와 연징 맥주라는 다른 중국 맥주들이 진출해 있었지만, 그 맥주들은 모두 칭따오 맥주의 인기를 능가하지는 못했다.

1992년 한국이 중국과 정식으로 수교하자, 한국에도 칭따오 맥주가 들어오기 시작했다. 1990년대까지만 하더라도 칭따오 맥주는 국내에서 그다지 존재감이 없는 술이었다. 하지만 2000년대에 들어 한국으로 이주하는 중국인이 늘어나면서 그들이 차리는 진짜 중국집 음식점들이 판매하는 양꼬치 같은 양고기 요리와 함께 칭따오 맥주가 판매되기 시작했다. 이를 계기로 한국에서도 서서히 칭따오 맥주의 인지도가 올라가기 시작했다.

2017년 "양꼬치엔 칭따오!"라는 선전 문구와 한국인 연예인을 내세운 칭따오 맥주 광고가 TV를 통해 방영되면서 국내에서도 인지도가 급상승한다. 오늘날 칭따오 맥주는 한국 수입 맥주 시장에서 3년 연속 2위를 차지하는 등 절대 무시할 수 없는 비중을 차지하기에 이르렀다.

2010년대부터 중국의 경제력이 크게 향상되면서 칭따오 맥주는 해외에서 뿐만 아니라 중국 국내에서도 큰 인기를 얻게 된다. 2016년에는 칭따오 맥주가 만들어지는 산둥의 양조장이 중국 내에서 두 번째로 규모가 큰 양조장이 되었으며, 중국 국내 맥주 시장의 15퍼센트를 칭따오 맥주가 차지할 만큼 판매량이 늘어났다.

마오타이

★★★

세계에서 가장 큰 음료 회사는 마오타이를 만드는 마오타이 그룹이다. 중국에서도 우량주로 손꼽히는 마오타이 그룹은 2020년 초 기준으로 주가가 120배 넘게 상승하면서 미국의 코카콜라와 펩시의 시가총액을 가볍게 뛰어넘었다. 한때 시진핑 정권에서 고위 관료들의 기강을 대대적으로 단속하자 인기가 다소 시들해지고 가격이 내려가기도 했으나, 단속이 풀린 뒤로 다시 그 인기를 되찾았다. 현재는 삼성전자의 시가총액까지 훌쩍 뛰어넘은 상태다.

럼주

★★★

럼주의 별명은 '넬슨 제독의 피'이다. 넬슨은 이순신과 함께 역사상 가장 위대한 해군 지도자로 꼽히는 영국 제독으로, 트라팔가르 해전에서 전사한 그의 시신을 럼주가 든 통에 담아 옮겼기에 이와 같은 별명이 생겼다. '선원들이 시신이 든 럼주를 계속 훔쳐 마셔서 영국에 도착했을 때에는 통에 제독의 시체만 남아 있었다'라는 믿지 못할 이야기도 함께 전해진다.

바카디 151을 생각하면 무엇이 가장 먼저 떠오르는가? 아마도 박쥐가 그려진 붉은색 로고일 것이다. 이 로고는 1800년대 쿠바의 높은 문맹률 때문에 탄생했다. 당시 대부분의 쿠바 사람이 글자를 구분할 수 없었기에 바카디 151을 상징할 다른 무언가가 꼭 필요했다. 창립자 파쿤도의 아내는 바카디 사의 초창기 증류소 건물에 살던 과일 박쥐를 마스코트로 삼길 제안했고, 이렇게 탄생한 박쥐 로고는 바카디 151의 인지도를 높이는 데 큰 역할을 했다.

포르투갈이 만들고 영국이 열렬히 사랑했던 포트와인의 역사에는 사실 성차별의 흔적이 숨어 있다. '남성의 술'로도 불렸던 포트와인은 식사 후 모든 여성이 식탁에서 자리를 떠나면 남성들끼리만 시가와 함께 즐겨 마신 술이었다. 오늘날 포트와인은 여성들에게 더 인기가 많은 술이며, 영국에서는 남녀노소 가리지 않고 아이가 태어나면 포트와인을 구입해 스물한 살 생일 때 선물하기도 한다.

WESTERN HEMISPHERE or THE NEW WORLD
DEFINITIONS
NORTHERN ICY OCEAN
BAFFINS BAY
NORTH PACIFIC OCEAN
NORTH AMERICA
LOUISIANA
GULF of MEXICO
ATLANTIC
WESTERN OCEAN
Tropic of Cancer
PACIFIC OCEAN OR GREAT SOUTH SEA
EQUINOCTIAL LINE
SOUTH AMERICA
PERU
PACIFIC OCEAN
Tropic of Capricorn
Antarctic Circle
SOUTHERN ICY OCEAN

· 3장 ·

삶을 위로하기 위해 생긴 술

문화와 사회

술은 삶의 고통을
견디게 하는 마취제이다

조지 버나드 쇼 Geroge Bernard Shaw

한반도의 피땀눈물을 함께하다

막걸리

소주와 더불어 한국 사회에서 가장 대중적인 술은 바로 막걸리다. 막걸리는 뿌옇고 진한 흰색 빛깔을 띤 술이라서 옛사람들은 막걸리를 탁주(濁酒)나 백주(白酒)라고 불렀다.

고려의 역사를 기록한 사서인 《고려사(高麗史)》에 의하면 고려 후기의 문신인 민지는 재상임에도 매우 청렴해서 집에 온 손님이 누구든 백주, 즉 막걸리와 오이만으로 술상을 대접했다고 전해진다.

조선 초기의 문신인 서거정이 옛 사람들의 시를 모아 편찬한 문집인 《동문선(東文選)》에는 고려 중기의 문신인 김극기가 막걸리를 마시고 느낀 바를 노래한 시가 전해진다.

잡초 우거진 길을 깊숙하게 찾아
버들가지에 말을 매어놓네
어디 사는 늙은 두 첨지
터벅터벅 나란히 오네
산반에는 말린 생선이 올랐고
들합에는 막걸리가 채워 있네
골목에서 웃으며 농하다가 정신없이 취해 떨어지네
비록 예절에는 보잘것 없다 하나
그 정의 두터움이 오히려 감사하여라
거꾸로 말을 타고 앞길 달리니
마을 아이들 모두 손뼉을 치네

〈탄헌촌에 쉴 때 첨지가 술을 가지고 찾아 왔기에(憩炭軒村二老翁携酒見尋)〉

이 시대로라면 김극기는 말린 생선을 안주 삼아 정신 없이 막걸리를 마셨다. 그는 무척이나 취해서 말을 거꾸로 타고 달렸고, 그 모습을 본 마을의 아이들이 모두 감탄하여 박수를 쳤다고 한다.

'거꾸로 말을 타고'라는 문장을 원문 그대로 실으면 '도재(倒載)'인데 이 단어를 해석하면 '앞과 뒤를 분간 못할 만큼 잔뜩 술에 취했다'라는 뜻이 된다. 즉, 김극기는 막걸리를 잔뜩 마시고 취해서 평소라면 똑바로 탔어야 할 말을 거꾸로 탄 채로 달렸던 것이다. 요즘으로 비유하면 술에 취해서 차를 모는 일종의 음주운전을 한 셈인데, 예나 지금이나 취한 사람들의 행동은 별반 다르지 않은 모양이다.

김극기 못지않게 막걸리를 좋아했던 고려 시대의 문신이 한 명 더 있다. 고려 말의 시인인 이색이었다. 그는《목은집》에서 막걸리에 대한 감상을 여러 번 털어놓았다.

장강이 광대히 흘러 바다로 들어가는데
바닷가의 청산은 빛을 바꾸지 않누나
강촌에서 어찌 관록의 영화를 꿈꾸리요
책을 읽을 만하고 밭을 농사지을 만하네
근래에는 왜선이 날로 쳐들어와서
봉화가 곧장 동쪽 끝까지 환히 비추니
주민은 수역의 고통에 이마를 찌푸리고
산 넘어뜨린 풍파에 방어(魴魚) 꼬리 붉어지네
곡산에 주둔한 군대는 더욱 장난 같아
노약한 병졸들 참담하여 생기도 없어라
나는 너희들이 해낼 수 없음을 아노니
찻길 막는 사마귀는 필적이 아니라오

임금 걱정은 예부터 포의에게 있거니와
벼슬아치가 어찌 국가 계책 게을리하랴
어부는 좋은 고기 잡아 강천에 외치더니
칼 끝에 바람 일어라 눈발처럼 잘게 회 치고
또 막걸리 불러와 함께 거나하게 취하여
손뼉 치며 곡산 달 아래 길이 노래하노라

〈곡산가(鵠山歌)〉

방어는 약 1미터 내외의 크기로 자라는 바닷물고기인데 살이 두툼하고 맛있어서 회로 자주 먹는다. 이색은 그런 방어를 잘게 잘라 회를 치고, 그것을 안주 삼아 막걸리를 취하도록 들이켰다고 시조 〈곡산가〉에서 털어놓은 것이다.

산림경제와 막걸리

앞에서 언급했던 홍만선의 《산림경제》를 보면, 우리 조상들이 어떻게 막걸리를 빚었는지 매우 자세히 설명되어 있다. 조선 시대에는 지금과 같은 설비 시설이 없었기 때문에 계절에 따라 막걸리를 만드는 방법도 달랐던 것으로 보인다.

백주는 봄이나 여름에 찹쌀 두 말, 겨울에는 세 말을 항아리에 넣고 불려 하룻밤을 재우고, 이튿날 새벽에 새 물로 여러 번 씻어 될 수 있는 대로 깨끗하게 한다. 건져서 물기를 없애 일부를 시루에 넣고 찌는데 김이 올라오거든 쌀이 다 떨어질 때까지 한 켜씩 더 넣으며 찐다. 시루 덮는 타래 방석(甑蓬)으로 꽉 덮어 말씬말씬할 때까지 폭 익거든 큰 동이 위에 막대를 걸치고 시루를 그 위에 앉혀 식을 때까지 우물물을 붓는다. 겨울에는 우물물로 두어 차례 축여 주고, 다시 동이 안의 뜨거운 물로 한 차례 축여 주어 죽(糜)이 따뜻하게 한다.
이것을 항아리에 넣고 쌀 두 말이면 백주국(막걸리 누룩) 다섯 알(丸), 세 말이면 아홉 알을 곱게 갈아 죽 위에 뿌리고 손으로 고루 버무려 가운데에 우물을 판다. 사방을 꼭꼭 토닥거려 키(箕)로 항아리 주둥이를 덮는다. 겨울에는 거적으로 사방을 꼭 두르고 위도 거적으로 덮어 항아리가 차지 않게 한다. 이튿날이면 술이 괴니 잔으로 술을 퍼서 사방으로 적신다. 7일이 지나면 술을 떠서 쓴다. 겨울철에 항아리가 차서 술이 괴지 않을 때는 끓는 물을 병에 담아 항아리 안에 넣으면 술이 괴어오른다.

한국의 농부들은 이렇게 빚은 막걸리를 농사일을 할 때 즐겨 마셨다. 쌀로 만든 막걸리는 영양분이 풍부해서 체력과 영양을 보충하기가 좋았다. 또한 과일주와 달리 막걸리는 열량이 높아 힘든 농사일을 할 때에 발생하는 열량 부족 문제를 잘 해결해 주었다. 이들에게 막걸리는 사실상 밥이나 다름없었다.

일본군이 조선을 침략한 임진왜란으로 국가 위기 상황이었던 1594년, 군사 업무를 담당하던 조정 부서인 비변사에서는 선조 임금에게 다음과 같은 건의를 올렸다.

> 이미 왜군과 싸우다 전사하거나 또는 앞으로 발생할 그러한 전사자들의 가족에게는 잡다한 부역을 영원히 면제시켜 주시옵소서. 또한 전사한 사람들을 위하여 한 곳에 제단을 세우고 막걸리와 보리밥으로 초혼제를 올려 충성스러운 영혼을 위로하게 하소서. 이러한 뜻을 경상감사와 좌, 우 병사와 수사와 도원수에게 내려 일제히 시행하게 하소서.

비변사의 건의에 선조도 찬성하고 얼른 그대로 시행토록 지시했다. 임진왜란 때 죽은 전사자들을 위한 제사에 막걸리가 사용되었던 것이다.

그런가 하면 조선의 주권이 일본으로 넘어간 1924년, 작가 현진건이 발표한 단편 소설 《운수 좋은 날》에도 주인공 김 첨지가 인력거를 끌어 번 돈으로 술집에 가서 탁주, 즉 막걸리를 마셨다는 내용이 나온다. 그 시절에도 막걸리는 여전히 서민들의 술이었던 것이다.

조선 시대에 사랑을 받았던 막걸리

조선 시대에는 상류층은 청주를, 서민들은 막걸리를 마시는 것이 일반적이었다. 그러나 조선 시대의 서민들이 청주를 전혀 마시지 못했던 것은 아니었고, 왕이나 양반들도 생각날 때마다 종종 막걸리를 찾아 마셨다.

조선의 세 번째 임금인 태종은 경상도 도절제사 유용생에게 막걸리를 가득 담은 항아리 아홉 개를 하사품으로 내려 주었다. 그가 왜구를 쳐부순 공로를 인정하여 포상으로 내린 것이었다. 유용생은 왕에게 받은 막걸리를 진부 병사들에게 나눠 주었고 "오늘 왜적을 잡은 공은 실로 병사들에게 있다!"라는 말로 병사들의 노고를 치하했다고 한다.

태종은 틈만 나면 금주령을 내렸지만, 각종 환영식과 전송식에서 막걸리를 마시는 것은 금지하지 않았다고 한다. 이는 막걸리를 마시는 가난한 서민들의 입장을 고려하여 내린 결정이었다.

태종의 아들이자 조선의 네 번째 임금인 세종대왕도 백성들이 막걸리를 즐겨 마신다는 점을 잘 알고 있었다. 세종대왕은 나라 안의 노인들을 불러 중양절 연회를 베푸는 자리에서도 막걸리를 대접했다.

세종대왕의 딸인 숙근옹주와 결혼한 화천군 권공은 젊어서 무예를 단련한 인물이었다. 왕이 주관하는 군사 훈련인 강무에 참석할 때마다 대장 역할을 맡았고, 병사들은 그런 그를 존경하며 잘 따랐다. 권공은 1462년에 사망했는데 조선의 일곱 번째 임금인 세조는 그 소식을 듣고 다음과 같이 소감을 고백했다.

> 내가 젊었을 때에 화천군의 집에 이르니 (그가) 나를 맞이하여 방으로 들어갔는데 사면의 벽이 텅 비어 있었다. 그래서 나는 그가 내미는 막걸리 두어 잔을 마시고 나왔다. 권공은 평생에 비단옷을 입는 습관이 없었으며 그 마음이 바르고 진실하였다.

그런가 하면 막걸리를 지나치게 좋아하다 문제를 일으킨 사람도 있었다. 중종 시절인 1523년, 함경도 절도사 우맹선의 군관 김연은 해안가에 사는 마을 사람들에게 한 사람당 막걸리한 사발씩을 강제로 징수하는 짓을 저질렀다. 이렇게 백성을 상대로 막걸리를 징수하던 김연은 어느 날 사람들에게 얻어맞았다. 그러자 우맹선은 김연이 백성을 무고하는 말을 믿고 사람들을 잡아들여 마구 고문을 가했다. 이때 많은 사람이 죽거나 다치고 말았다.

이 사건이 조정에 알려지자 중종은 우맹선과 김연을 모두 체포하여 심문하고 그 죄를 묻도록 지시했다. 우맹선과 김연은 자신들이 저지른 잘못 때문에 백성에게 빼앗은 막걸리도 마시지 못한 채로 죄인이 되었다.

외면을 받다가
다시 살아난 막걸리

이렇게 오랫동안 사랑받은 막걸리는 대한민국 제3공화국에서 발표한 양곡관리법으로 판매에 큰 타격을 받는다. 막걸리를 빚는 데 한국인의 주식인 쌀이 너무 많이 들어간다는 이유였다. 쌀로 만든 술을 만들거나 팔지 못하게 법으로 막으면서 막걸리는 사실상 사라질 위기에 놓였다.

물론 막걸리 제조업자들은 쌀 대신 밀가루나 옥수수 가루로 막걸리를 만들어 위기를 해결하고자 했지만, 오랫동안 쌀로 빚은 막걸리 맛에 익숙해져 있던 소비자들은 이를 외면했다. 한

동안 막걸리는 사양 산업으로 간주되었고 사람들의 기억 속에서 점점 잊혀 갔다.

다시 살아난 막걸리를 향한 향수

1990년대에 들어서 한국인의 삶에도 조금씩 여유가 생기자, 그동안 미개하고 후진적이라며 무시했던 전통문화를 다시 들여다보기 시작했다. 전통 술이었던 막걸리도 이때부터 다시 슬며시 존재감을 드러냈다.

한국인의 식습관이 서구화되기 시작하면서 매년 생산되는 쌀의 소비량도 줄어드는 추세였다. 정부에서는 쌀을 보관하는 데 드는 비용을 아끼기 위해서 농민들과 농민 단체들에 "쌀로 막걸리를 많이 만들라"라고 요구하였다. 불과 30년 전에 공무원들이 시골 집집마다 찾아가 쌀로 빚은 술을 모두 찾아내 빼앗았던 일을 생각해 본다면 너무나 큰 변화였다.

업체들은 이런 사회적인 추세에 맞춰 막걸리를 전통 방식대로 빚어 만들었고, 막걸리의 맛을 기억하는 소비자들은 다시 막걸리를 찾아 마시며 추억의 회상에 잠겼다.

2000년대 들어 한국 사회가 웰빙과 한류 열풍에 휩싸이자, 한국 문화에 관심이 많은 외국인에게 한국의 전통 술인 막걸리가 알려지기 시작했다. 막걸리의 해외 수출도 해마다 서서히 늘어나는 추세다.

1960년대와 1970년대에 없애버려야 할 고루한 낡은 문화라고 천대받았던 막걸리가 이제는 해외에서 한국 전통문화를 상징하는 술로 대접받고 있다. 오래되고 보잘것없다고 해서 멸시하는 태도야말로 진짜로 어리석고 천박한 마음이 아닐까?

톨스토이의 대작은 이 술 한잔에서 시작했다

아이락

유라시아 대초원에서 가축들을 방목하며 살아가던 유목민들은 항상 물이 부족했기에 곡식이나 과일로 술을 빚을 수가 없었다. 대신 유목민들은 키우는 말의 젖을 발효시켜 만든 술의 일종인 아이락을 마셨다.

고대 그리스의 역사학자인 헤로도토스는 자신의 저서인 《역사》에서 유목민족인 스키타이족이 마유(말의 젖)를 짜서 마셨다고 기록했다. 이는 마유를 마신 인류의 모습을 최초로 담은 기록으로, 이들이 마신 마유가 오늘날 아이락의 원형이라고 추정한다.

유목민들과 일상을 함께하는 아이락

아이락은 마유를 발효시켜 만든 술로 2,800년 전부터 유목민족이 마셨다. 아이락은 몽골 계통의 유목민들이 부르는 이름이며 튀르키예 같은 튀르크족 계통의 유목민들은 쿠미스라고 부른다.

아이락은 마유를 몇 시간 또는 며칠 동안 휘젓는 작업을 반복해서 만든다. 이 작업은 우유를 저어서 버터로 만드는 작업과 비슷하다. 마유를 발효하는 과정에서 유산균이 젖을 산성화시키고 효모가 생겨난다. 탄산과 알코올을 함유한 술로 변해 가는 것이다.

다음 발효 작업은 말가죽으로 만든 부대에 마유를 넣는 것이다. 이 말가죽 부대를 유목민들의 천막인 게르의 꼭대기에 놓아 두거나, 말의 안장에 묶어 하루 동안 타고 다니면 발효가 완성된다.

아이락 자체에 포함된 알코올 도수는 0.7~2.5도인 관계로, 유목민들은 아이락을 술이라기보다는 음료수에 가깝게 여겼다. 성인은 물론 아이들도 마음껏 마셨다는 의미이다. 물론 이러한 문화가 퍼진 데에는 물 대신 아이락으로 수분을 보충하고자 했던 그들의 사정도 영향을 미쳤다.

마유를 재료로 만든 아이락의 모습

유목민들 중에서는 도수가 낮은 아이락을 증류해 마신 이들도 있었다. 페르시아로부터 일찍이 술의 증류 기술을 받아들인 중앙아시아의 유목민들은 아이락을 증류해 알코올 도수를 더 높여 마시기도 했다. 13세기의 몽골인도 페르시아를 정복하며 얻은 증류 기술을 통해 아이락의 도수를 높인 아르히를 마셨다.

유목민들이 습관처럼 아이락을 마시는 이유

마유는 보통 여름과 가을에 생산되지만, 말에게 사료를 충분히 주면 1년 내내 젖을 짜낼 수 있다. 일반적으로 말은 결핵이나 브루셀라증, 젖통 염증 등 다른 낙농 동물에게 흔히 나타나는 질병에 잘 걸리지 않는다. 이런 이유로 유목민들은 말젖이 소나 염소 같은 다른 동물의 젖보다 더 안전한 식품이라고 여긴다.

아이락의 가장 좋은 점은 비타민 A와 C가 매우 풍부하다는 것이다. 아이락 1리터에는 비타민 A가 0.3~0.4밀리그램, 비타민 C가 95~100밀리그램이나 포함되어 있기 때문에 하루에 1~2리터 정도만 마셔도 필요한 거의 모든 비타민의 양을 채울 수 있다.

"가축은 풀을 먹고 사람은 가축을 먹는다. 사람이 어떻게 풀을 먹을 수 있겠는가?"라는 몽골 속담에서 드러나듯이 초원에서 가축을 키우며 살아가는 유목민족들은 과일과 채소를 먹지 않았다. 비타민 부족으로 인한 괴혈병 같은 질병에 노출되기 쉬웠으나, 매일 아이락을 마심으로써 간단히 문제를 해결했다.

몽골인의 정체성인 아이락

아이락은 몽골족이 등장하면서부터 관련 자료들이 늘어난다. 몽골족은 유목민족으로서는 보기 드물게 많은 양의 자료를 남겼는데, 그중 하나가 바로 몽골제국의 창시자인 칭기즈 칸의 일대기를 기록한 《몽골 비사》다.

이 《몽골 비사》에 의하면 칭기즈 칸은 몽골 초원을 통일하기 위한 전쟁을 한참 벌이던 중 타이치우드 부족과의 전투에서 목에 화살을 맞고 크게 다쳐 쓰러졌다. 과다출혈로 죽을 뻔한 위태로운 상황이었는데, 이때 칭기즈 칸의 부하인 젤메가 입으로 칭기즈 칸의 피를 밤새도록 핥고 뱉는 일을 반복하여 그를 구호했다.

다행히 의식을 되찾은 칭기즈 칸은 젤메에게 "아이락이 마시고 싶다"라고 말했고, 젤메는 타이치우드 부족의 진영으로 몰래 침투해 아이락을 훔쳤다. 칭기즈 칸은 이 아이락을 마시고 부상을 회복해 살아날 수 있었다고 한다.

아이락을 마시지 않으면 몽골인을 이해할 수 없다

1227년 칭기즈 칸이 죽은 이후에도 몽골제국은 계속 정복전쟁을 거듭하며 영토를 넓히고 힘을 과시했다. 그중에는 러시아, 폴란드, 헝가리 등 동유럽을 공격했던 몽골인의 유럽 원정도 포함되어 있었다.

비록 유럽 원정은 칭기즈 칸의 아들이자 후계자인 오고타이 칸이 죽으면서 중단되었지만, 유럽인들은 낯선 이방인인 몽골족의 침입에 매우 놀랐다. 이들은 몽골족을 더 자세히 알기 위해 교섭과 협상을 목적으로 몽골 본토에 사절단을 여러 번 보냈다. 그중 한 명이 오늘날 벨기에 플랑드르 출신의 수도사인 윌리엄 루브룩이다.

루브룩은 프랑스 국왕 루이 9세로부터 "몽골인들이 중동의 이슬람교 세력에 맞서 함께 싸울 수 있는 동맹국인지 가서 알아보라"라는 명령을 받고 1253년 3월 몽골로 떠난다.

그때 루브룩은 자신을 호위하던 몽골 병사가 건넨 아이락이 마유로 빚은 술이라는 말에 거부감을 느껴 마시지 않겠다고 이야기한다. 그러나 몽골 병사들은 아이락을 마시지 않는다면 앞으로도 절대 몽골인을 이해할 수 없다고 조언했다.

몽골의 수도인 카라코룸에 도착한 지 한 달쯤 되었을 때 루브룩은 몽골제국의 네 번째 황제인 몽케 칸을 만났다. 서로 처음 만난 자리에서 몽케 칸은 루브룩에게 아이락을 주면서 마시길 권했다. 몽케 칸을 만나 교섭을 하는 것이 임무였기에 이번에는 차마 아이락을 거부할 수 없었던 루브룩은 어쩔 수 없이 아이락을 마셨다.

훗날 고국으로 돌아와서 몽골 여행 때 보고 겪었던 일을 기록한 《몽골제국 기행》에서 루브룩은 아이락을 마셔 본 소감을 다음과 같이 말했다.

말의 젖인 이 코스모스는 이렇게 만들어졌다. 그들(몽골인)은 신선하고 소의 우유처럼 달콤한 많은 양의 마유를 모은 후, 그것을 큰 가죽부대나 병에 붓고 막대기로 휘젓기 시작한다. 그리고 (나무나 뼈 국자로) 세게 두드리면 새 포도주처럼 끓기 시작하고 신맛이 나거나 발효되기 시작한다. 그들은 버터를 추출할 때까지 계속 휘젓는다. 그런 다음 맛을 보고 약간 매운 맛이 나면 마신다. 취하면 와인을 다 짜내고 압착된 포도의 마지막 찌꺼기로 만든 묽은 와인처럼 혀에 자극적인 느낌이 오고, 마시고 나면 아몬드를 짜내서 만든 우유처럼 그 맛이 혀에 남아서 사람을 즐겁게 만든다. 그들은 검은 털을 가진 말의 젖으로 만든 코스모스를 카라 코스모스라 불리며 가장 높이 평가한다

여기서 말하는 코스모스는 아이락의 튀르크족 발음인 쿠미스에서 유래한 것이다. 아마 루브룩의 통역을 맡은 사람이 튀르크어에 익숙했기에 그렇게 번역을 해서 들려준 모양이다. 실제로 몽골인들은 자신들과 혈통적·문화적으로 비슷한 유목민인 튀르크족에게 많이 의존했다. 또한 '카라 코스모스'에서 '카라'는 몽골어로 검다는 뜻인데, 아마 몽골인은 검은 암말의 젖으로 만든 아이락이 가장 맛이 좋다고 여겼던 듯하다.

프랑스인 기술자가 카라코룸에 설치했다는 은제 나무 조각상의 상상화

루브룩은 자신이 카라코룸에서 보았던 네 종류의 술을 내뿜는 분수에 대해서도 자세히 설명했다. 이 분수는 몽케 칸의 궁정에 설치되어 있던 커다란 나무 형태의 분수로, 프랑스인 기술자 기욤 부시에가 만든 것이었다. 자세한 구조와 형태는 다음과 같았다.

나무 아래에는 펌프와 네 개의 기다란 파이프가 삽입되었고, 각각의 파이프로는 나무 아랫부분에 위치한 네 개의 사자 조각상과 하나씩 연결되었다. 꼭대기에는 나팔을 든 천사상이 있는데, 역시 아래까지 연결된 파이프로 나팔을 불면 펌프가 작동하고 파이프를 지나 나무 윗부분까지 끌어 올려진 아이락이 내려와서 네 마리 사자 조각상의 입에서 흘러내리는 구조였다. 그렇게 흘러내린 술들은 항아리에 담겨 몽골인들에게 제공되었다.

루브룩의 설명에 따르면, 몽골의 궁전에는 음료를 담을 수 있는 주머니를 반입할 수 없었기에 이러한 분수를 설치했다고 한다. 오늘날로 치면 술이 나오는 디스펜서인 셈인데, 그때나 지금이나 사람들은 비슷한 상상을 했던 것 같다.

톨스토이의 고통을 달랜 술

몽골인이 세운 원나라에서도 아이락을 즐겨 마셨다. 다만 원나라 인구의 다수를 차지했던 한족(漢族)은 마유로 만든 아이락을 오랑캐나 마시는 야만스러운 음료라고 여겼고, 이들은 주로 차를 마셨다.

몽골인은 차보다는 그들이 오랫동안 마신 전통 음료인 아이락을 더 선호했다. 그러나 16세기 중엽이 되자 몽골인도 중국문화에 젖어 차를 선호하게 되었다. 물론 그렇다고 해도 몽골인은 여전히 아이락을 버리지 않고 마셨다.

몽골뿐만 아니라 유목민 문화가 강했던 중앙아시아에서도 아이락은 뚜렷한 흔적을 남겼다. 키르기스스탄 공화국의 수도인 비슈케크의 이름이 아이락을 휘젓는 데 사용하는 주걱에서 유래했을 정도였다.

1241년부터 1480년까지 몽골인의 지배를 받았던 러시아에도 아이락의 흔적이 남아 있다. 러시아의 대문호 톨스토이는 그의 소설인《고백》에서 "나는 괴로운 삶에서 도망치기 위해서 쿠미스를 마셨다"라며 아이락을 언급했다. 아마 톨스토이 역시 아이락을 잔뜩 마시고 취해서 현실의 고통을 잊어버리려고 했던 듯하다.

러시아의 작곡가인 알렉산드르 스크랴빈은 20대 시절 살이 찌고 위장 장애를 겪자 의사로부터 쿠미스를 마셔서 다이어트를 해 보라는 권유를 받았다.

아이락은 몽골뿐만 아니라 19세기 러시아에서도 삶의 애환을 달랜 유익한 술이었던 것이다.

위스키를 '생명의 물'이라고 말하는 이유

위스키

사람들은 잔뜩 취하고 싶을 때, 또는 분위기를 내며 술을 마시고 싶을 때 위스키를 찾는다. 위스키는 호박색 빛깔에 알코올 도수가 높은 증류주이다. 맥주나 와인과 비교하면 값이 비싸지만, 덕분에 세계 각국의 정치인과 기업인 등 소위 힘 있는 사람들이 애용하는 고급술이기도 하다.

서양을 대표하는 술, 위스키

위스키는 원래 아일랜드어로 '생명의 물'을 뜻하는 우스게보(usque baugh)의 줄임말이다. 스코틀랜드에서는 이를 이시커 바허(uisge beatha)라고 부르는데, 역시 우스게보와 발음만 조금 다를 뿐이지, 뜻은 같다.

아일랜드와 스코틀랜드에 같은 의미를 지닌 단어가 있는 이유는 무엇일까? 그 이유는 스코틀랜드라는 땅의 이름에 얽힌 역사에서 비롯되었다. 스코틀랜드는 '스코트족'의 땅이란 뜻인데, 스코트족은 본래 아일랜드에 살던 켈트족의 일파였다.

이 부족은 5세기, 바다를 건너 스코틀랜드로 침입하여 원주민인 픽트족을 정복하고, 자신들의 부족명을 따서 땅의 이름을 스코틀랜드라고 불렀다. 아일랜드 또한 스코틀랜드와 같은 스코트족의 후손이다 보니 발음만 조금 다를 뿐 같은 말로 위스키를 표현했다. 그렇다면 위스키의 최초 발명지는 아일랜드였을까?

도수가 높은 증류주는 아일랜드를 포함한 서구인이 처음 만든 것이 아니었다. 증류주의 발상지는 중동이다. 아랍의 증류주 제작 기술은 8세기 아랍인의 스페인 정복과 함께 서서히 유럽으로 전파되기 시작했다. 12세기와 14세기에 걸쳐 유럽에서도 기존에 마시던 맥주나 와인보다 더 높은 도수를 지닌 증류주들이 나타나기 시작한다.

이런 증류주들은 대부분 심한 복통과 천연두 같은 병들을 치료하려는 의학적인 목적으로 만들어졌으며, 주로 중세의 수도원을 통해 확산되었다.

아일랜드에서는 위스키와 관련하여 5세기에 기독교를 전파한 성자 파트리키우스가 위스키 제조 방법을 가져왔다는 전설이 전해져 온다. 그러나 문서로 남은 최초의 기록은 그보다 훨씬 더 시간이 지난 뒤에야 보인다.

현재까지 남아 있는 가장 오래된 위스키에 관한 기록은 17세기 영국에서 만들어진 《클론맥노이즈의 연대기(Annals of Clonmacnoise)》에 실려 있다. 이 책에는 1405년에 아일랜드의 어느 부족장이 크리스마스에 '아쿠아 비테(aqua vitae)'를 지나치게 과음하다가 죽었다는 내용이 나온다.

아쿠아 비테란 곡물을 원료로 하여 만든 도수가 높은 증류주로, 라틴어로 '생명의 물'이라는 뜻이다. 이 아쿠아 비테를 아일랜드어로 옮긴 것이 바로 우스게보, 즉 위스키의 또 다른 이름이다.

수도원이 독점한 술에서 개인이 만드는 술로

1494년 수도사 존 코어는 스코틀랜드의 왕인 제임스 4세의 명령으로 맥아를 증류해 아쿠아 비테 500병을 만들어서 왕에게 바쳤다. 제임스 4세는 아쿠아 비테를 매우 좋아했고, 그의

스카치위스키의 위상을 높인 스코틀랜드의 국왕 제임스 4세

이러한 취향이 바로 스코틀랜드산 위스키인 스카치위스키의 높은 명성을 만들었다.

1506년에는 스코틀랜드 동부의 도시인 던디시에서 활동하던 외과의사 및 이발소 조합에서 위스키를 대량으로 구입했다. 이때부터 아쿠아 비테 대신 위스키라는 단어가 스코틀랜드에서 등장했다. 그리고 위스키는 곧바로 남쪽의 이웃인 잉글랜드에 전파되었다.

1536년과 1541년 사이, 잉글랜드의 왕 헨리 8세는 부족한 국가 재정을 보충하기 위해서 나라 안에 있던 수도원을 강제로 철거하고 그들이 가진 땅을 몰수했다. 이때 위스키의 생산 시설이 수도원에서 개인이 소유한 집과 농장으로 옮겨졌다. 그때까지 위스키는 수도원에서 생산되었는데, 헨리 8세의 철거 조처 이후로는 개인이 직접 생산하게 되었던 것이다.

위스키의 역사는 세금의 역사다

이때까지 위스키의 증류 기술은 아직 초기 단계였다. 오늘날 우리가 마시는 위스키와 비교하면 16세기 유럽의 위스키는 훨씬 거칠고 제대로 희석되지 않아 맛이 좋지 않았다.

시간이 지나면서 위스키는 훨씬 부드러운 술로 변해 갔다. 1608년, 아일랜드 북쪽 해안의 올드 부시밀즈(Old Bushmills) 증류소에서 위스키의 맛을 더욱 부드럽게 할 수 있는 증류법을 개발했다. 이 증류소는 자신들의 비법을 특허로 등록했는데, 이곳은 지금까지 세계에서 가장 오래된 위스키 증류소로 남아 있다.

1707년, '연합법'이 만들어지면서 천 년 넘게 서로 다른 나라였던 잉글랜드와 스코틀랜드는 하나의 나라인 '그레이트 브리튼의 연합 왕국', 즉 영국으로 묶였다. 하지만 인구의 수가 월등히 많은 잉글랜드가 주도권을 잡았고, 오늘날까지도 잉글랜드가 영국으로 대표된다. 영국의 언어도 잉글랜드의 말인 잉글리시라고 불린다. 이렇게 하나의 국가가 된 영국에서는 정부의 국고를 채우기 위해 1725년부터 위스키에 대한 세금을 대폭 올렸다.

한동안 불법 밀주였던 위스키

세금이 더 붙은 만큼 위스키의 가격도 가파르게 올랐다. 그러자 이에 불만을 품은 스코틀랜드 주민들은 가정집에서 몰래 위스키를 만들어 훨씬 싼값에 암시장을 통해 팔았다. 이때 스코틀랜드인들은 정부의 불법 주류 단속을 피해서 밤에 몰래 위스키를 증류했다. 위스키에 '달빛(moonshine)'이라는 별명이 붙은 이유이다.

이런 식으로 가정집에서 개인이 만든 밀주 위스키가 얼마나 많았던지 당시 스코틀랜드에서 제조되고 유통되던 위스키의 절반이 이런 불법 주류였다고 한다. 달빛이라 불리던 불법 밀주는 1823년 영국 정부가 위스키의 증류 합법화와 소비세 법안을 통과시키면서 막을 내렸다.

한편 1775년부터 1783년까지 영국과 독립 전쟁을 벌이던 미국에서는 위스키를 화폐 대신 사용할 정도로 인기가 높았다. 그러나 1783년 영국에서 독립한 이후, 미국 정부가 위스키에 높은 세금을 매기자 여기에 불만을 품은 미국 시민들은 '위스키 반란'이라 불리는 폭동을 일으켜 정부에 항의하기도 했다.

1831년 아일랜드인 이네스 커피는 위스키의 증류법을 더 효율적이고 저렴하게 개량했다. 그리고 1850년 앤드류 어셔는 최초로 위스키의 블랜딩 기법을 고안하여 이를 바탕으로 혼합 위스키를 생산했다. 그가 개발한 새로운 증류 방법은 전통적인 증류 방식에 집착하던 일부 아일랜드 주류업자들에게 조롱받았지만, 곧 대부분의 위스키는 앤드류 어셔가 고안한 블랜딩 기법에 따라 만들어지게 되었다.

위스키는 해충 덕분에 유명해졌다?

1880년대 프랑스에서 파괴세라 해충들에 의해 거의 모든 포도가 죽어 버려 포도 재배 산업이 초토화되자, 위스키는 뜻하지 않은 호황을 누렸다. 포도를 원료로 만드는 와인과 브랜디의 산업에 큰 타격이 갔던 것이다. 반면 보리나 맥아를 증류해 만드는 위스키 산업에는 아무런 문제가 없었다. 와인이나 브랜디를 즐겼던 사람들도 어쩔 수 없이 위스키를 선택해야 했다. 그 바람에 위스키는 세계 주류 시장에서 기본 주류가 될 정도로 엄청난 이익을 누렸다.

특히 19세기 후반은 영국의 힘이 절정에 달한 때였다. 이 무렵을 기점으로 영국은 전 세계에 광대한 식민지들을 정복해 나갔으며 위스키도 함께 퍼져 나갔다. 그래서 중국과 일본 등 동양에서 양주(洋酒)하면 으레 위스키를 떠올릴 정도로 위스키는 서양을 대표하는 술로 자리를 잡았던 것이다.

다양한 종류의 위스키들

위스키는 그 종류가 매우 다양한데, 스코틀랜드에서 만들어지는 스카치위스키와 아일랜드에서 만들어지는 아이리쉬위스키, 미국에서 만드는 아메리칸위스키와 캐나다에서 만드는 캐내디언위스키, 그리고 일본 회사들이 만드는 재패니스위스키 등으로 구분된다.

우리나라에는 주로 스카치위스키가 많이 유통된다. 이는 일제 강점기 무렵에 일본인과 친일파가 주로 스카치위스키를 즐겼고, 박정희 전 대통령이 사망한 사건 덕분에 스카치위스키가 더욱 유명해졌기 때문이다.

영국 문화를 받아들이는 데 여념이 없던 일본인은 자기들 나름대로 위스키를 마시는 문화를 개발해 냈다. 그것은 '미즈와

리(水割り)'인데, 위스키에 찬물을 섞어서 독한 위스키의 도수를 조금이나마 낮추는 것이다.

일본식 술 문화의 영향을 강하게 받은 한국의 유신 정권 시절에도 미즈와리는 상류층 인사들에게 널리 유행했다. 박 전 대통령이 암살당하던 10·26 사태의 그날에도 김재규는 시바스리갈을 미즈와리로 만들어 박정희에게 바쳤다고 한다.

전 세계가 열광했던 '마약' 포도주

마리아니 와인

오늘날 전 세계 각국은 마약 퇴치 운동에 열을 올리고 있다. 어느 나라건 가리지 않고 시중에 많은 마약이 유통되고 있기 때문이다.

미국은 학교에서 학생들이 친구나 선생님을 통해 마약을 팔거나 사는 일이 일상화되었으며, 미국 필라델피아 북동부의 켄싱턴 거리에는 아예 마약에 취한 사람들이 대낮에도 진을 친다. 이 모습이 마치 영화에 나오는 괴물인 좀비와 비슷해서 국내 언론에도 보도된 바 있다.

이제 한국도 더 이상 마약청정국이 아니다. 강남이나 홍대 같은 유흥가의 클럽에 가면 돈을 주고 손쉽게 마약을 구할 수 있다는 소문이 돈다. 또한, 공부할 때 집중력을 키워 준다는 잘못된 소문이 퍼져 고등학생이나 대학생 사이에서 마약류의 일종인 각성제가 유행하기도 했다.

그런데 이런 마약을 불과 19세기까지만 하더라도 수많은 사람이 아무렇지도 않게 일상에서 복용하고 다녔다면 믿을 수 있겠는가? 게다가 그 마약을 넣어 만든 술은 전 세계적인 히트 상품이었다.

마약 포도주와 마약 음료수

마약 중에서 가장 비싸고 유명한 종류인 코카인은 남미의 페루와 볼리비아가 원산지인 코카나무의 잎사귀에서 추출된다. 이 코카 잎은 잉카 제국 시절 두개골 절제 수술을 하는 환자를 위한 마취약이나 무거운 짐을 나르는 일꾼들을 위한 일종의 강장제로 쓰였다.

1533년 피사로가 이끄는 스페인 군대가 잉카를 정복하고 난 뒤로 코카 잎의 효능은 유럽인들에게도 알려졌다. 한참 세월이 흐른 뒤인 1855년에는 독일의 화학자 프리드리히 가에트케가 코카 잎에서 마약 성분인 코카인만 추출하는 데 성공한다. 이때부터 코카인은 유럽인들에게 피로를 잊고 기운을 내게 해

마리아니 와인 광고 포스터

주는 강장제로 널리 각광받게 되었다.

그중 하나가 바로 1863년부터 1914년까지 전 세계가 열광했던 포도주인 마리아니 와인이다. 코르시카 섬 출신인 프랑스 화학자이자 약사인 엔젤로 마리아니는 1863년부터 자신의 이름을 딴 와인인 마리아니 와인을 만들어서 팔기 시작했다. 이 마리아니 와인은 알코올 도수가 10도 정도로 낮았으나, 코카인이 8.5퍼센트나 들어간 적포도주였다.

마리아니는 이 포도주가 피로를 풀어 주고 기운을 북돋워 주는 강장제라고 선전했다. 그의 말을 듣고 마리아니 와인을 마셔 본 사람들은 코카인의 진통과 중독 효과 때문에 깊이 빠져들었다. 마리아니 와인은 순식간에 날개 돋친 듯이 세계 각지로 널리 팔려 나갔다.

19세기 서구 상류층들이 사랑했던 마리아니 와인

마리아니 와인은 당시 세계 각국의 유명 인사 대부분이 즐겨 마셨다. 하루에 네 시간만 잤다는 발명왕 에디슨은 마리아니 와인을 마시면서 피로를 풀었고, 미국 율리시스 그랜트 대통령은 남북전쟁 때 입은 부상의 고통을 잊기 위해 매일 마리아니 와인을 마셨다.

또한 교황 레오 13세는 마리아니 와인의 맛에 감동하여 이 와인을 '인류의 은인'이라고 극찬하면서, 마리아니 와인을 만든 엔젤로 마리아니에게 황금 훈장을 선물로 보내기까지 했다.

이외에도 미국의 대도시 뉴욕을 상징하는 건축물인 자유의 여신상을 만든 건축가 오귀스트 바르톨디는 마리아니 와인을 마셔 보고는 "진작에 이 술을 마셨다면 자유의 여신상을 더 높게 만들었을 것이다"라고 찬탄했다.

모방 상품으로 시작한 코카콜라

마리아니 와인이 전 세계적으로 인기를 끌자, 이를 모방하여 코카인을 넣은 술이나 음료수들이 쏟아져 나왔다. 그 가운데 하나가 바로 코카콜라다. 다소 의외인 사실이지만, 오늘날 세계 최고의 인기 음료수인 코카콜라도 그 출발은 모방 상품이었던 것이다.

코카콜라를 둘러싼 소문 가운데에는 코카콜라에 코카인이 들어있는 것이 아니냐는 이야기도 있다. 환각성 마약인 코카인과 코카콜라의 이름이 비슷하다는 점을 들어 생긴 소문이다. 물론 코카콜라 본사에서는 이런 소문이 유언비어라며 부인하고 있다.

그러나 놀랍게도 한때는 이 소문이 사실이었다. 코카콜라를 발명한 장본인은 미국 애틀랜다 출신의 약제사 존 펨비턴인데, 그는 1886년 5월 코카인의 원료인 코카 잎과 코카나무 열매를 끓인 추출물에 설탕과 탄산수, 카페인을 첨가하여 술인 프렌치 와인 코카를 만들어 팔기 시작했다. 이것이 가장 오래된 형태의 코카콜라였다. 가장 최초의 코카콜라는 탄산 음료수가 아니라 코카인을 탄 와인이었던 것이다.

코카콜라에서 코카인이 빠진 사연

펨버턴은 자신이 만든 상품인 프렌치 와인 코카에 코카인이 들어갔다는 사실을 공개적으로 발표했다. 그러나 아무런 처벌도 받지 않았다. 이유는 간단하다. 1880년대까지만 해도 미국이나 유럽 등 서구에서는 코카인의 제조와 판매가 법으로 금지되지 않았기 때문이다.

1885년 오스트리아의 정신분석학자 프로이트는 〈코카에 관하여〉라는 논문을 써서 코카인의 효능을 찬양하기도 했다. 실제로 그는 우울증을 앓을 때마다 코카인을 복용했다.

또한 19세기 영국의 대표적인 작가 코난 도일의 소설인 《셜록 홈즈》 시리즈에서 주인공인 셜록 홈즈는 심심할 때마다 코카인을 복용한다. 이는 당시 영국의 일상적인 사회상을 묘사한 것이다.

꼭 코카인이 아니더라도 마약과 관련한 기준은 관대했다. 아편을 탄 술인 로더넘(laudanum)은 18세기부터 20세기 초까지 서구의 가정에서 시끄럽게 우는 아기들에게 먹이는 수면제로 사용되었다. 그만큼 마약의 위험성에 대한 인식이 매우 희박했던 것이다.

프렌치 와인 코카가 출시된 바로 그해인 1886년, 애틀랜타에

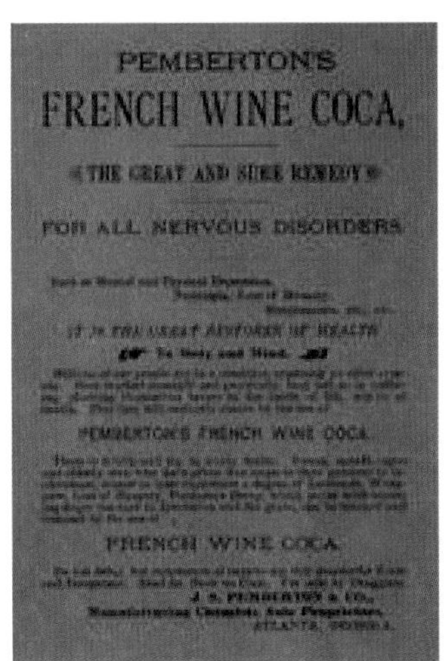

존 펨버턴이 만든 프렌치 와인 코카의 1886년 광고 포스터

서는 술의 제조와 판매를 금지하는 금주법과 금주 운동이 전개되고 있었다. 그대로 와인을 내놓았다가는 당장 판매 금지 처분을 받고 제품을 팔지 못하게 되는 상황에 부닥칠 수도 있었다. 그래서 펨버턴은 프렌치 와인 코카에서 와인을 빼버리고 그 대신 탄산수에 코카인과 설탕과 카페인을 넣은 탄산 음료수로 바꾼다.

코카콜라라는 이름이 탄생한 순간이었다. 마시면 청량감에 기분이 좋아지는 코카콜라는 사람들에게 열렬한 인기를 얻었다. 창업자인 존 펨버턴은 1888년에 죽었지만 코카콜라의 인기는 계속 유지되었다. 그는 죽으면서 코카콜라에 대한 모든 소유권을 또 다른 약제사인 에이서 캔들러에게 넘겨주었다. 에이서는 1892년 코카콜라 회사를 만들었고, 이 회사에서 코카콜라의 제조와 유통과 판매를 담당했다.

그런데 코카콜라에 또다시 시련이 찾아왔다. 20세기로 들어서면서 미국과 유럽 등에서 코카인이 사람에게 해로움을 끼치는 마약이라는 인식이 서서히 확산되었고, 위험한 코카인이 포함된 음료수인 코카콜라를 부정적으로 바라보기 시작했다.

에이서는 그런 여론을 의식하여 1903년 코카콜라에서 코카인 성분을 완전히 제거했고, 대신 카페인의 함유량을 기존의 수치보다 다섯 배나 더 높였다. 이것이 지금 사람들이 마시는 코카콜라의 원조이다.

원조는 없어지고 모방 상품은 남았다

코카콜라의 원조 상품인 마리아니 와인은 1914년에 생산과 판매가 완전히 중단되었다. 코카인의 위험성에 대한 사람들의 경각심이 높아진 탓도 있었지만, 무엇보다 발명가인 마리아니가 그해에 사망했기 때문이었다. 존 펨버턴과 달리 마리아니는 자신이 만든 마리아니 와인의 제조 기술과 소유권을 다른 사람에게 넘겨 주지 않았고, 마리아니의 제조법은 그의 죽음과 함께 이 세상에서 사라져 버렸다.

원조 상품인 마리아니 와인은 지금에 와서 아무도 기억하지 않지만, 모방 상품인 코카콜라는 현재 전 세계에서 가장 인기 있는 음료수가 되었으니, 역사의 행방은 참으로 아이러니하다.

무협 소설이 사랑한 죽엽청

죽엽청

한국의 수많은 무협 소설에 항상 단골로 등장하는 술이 있다. 바로 죽엽청이다. 그런데 정작 죽엽청을 마셔 본 사람들은 거친 남자들이 주인공인 무협 소설과 죽엽청이 서로 어울리지 않는다고 말한다. 죽엽청의 맛이 마치 사탕처럼 너무나 달콤해서 무협 소설의 사나운 무사들이 이 술을 마시며 우정을 이야기하는 것이 어색하다는 이유에서이다.

10가지 한약재가 들어간 달달한 약주

죽엽청은 중국의 바이주(백주)에 10여 개의 다양한 약재들을

시중에서 팔리는 죽엽청

넣고 정제와 숙성 과정을 거쳐서 만드는 술이다. 사실 바이주는 한국인에게도 매우 친숙한 술이다. 짜장면과 탕수육 등을 파는 중국 식당에서 내놓는 고량주나 배갈이 바로 바이주이기 때문이다. 쌀, 조, 수수 같은 곡물들로 만드는 증류주가 바이주이고, 이 바이주를 재료로 만드는 술이 죽엽청이다.

죽엽청도 종류가 여러 가지인데, 각각 들어가는 약재들이 조금씩 다르다. 대나무 잎을 포함해 귤 껍질, 당귀, 광목향, 영릉향, 자단, 정향, 살구씨, 치자, 국화 등이 일반적으로 죽엽청에 들어가는 약재이다. 여기에 설탕과 계란의 흰자위도 들어가야 하는데, 그래야 약재에서 나는 쓴맛이 약해지고 마시기 좋은 단맛이 나기 때문이다.

완성된 죽엽청의 알코올 도수는 43도로 한국의 대중적인 술인 소주, 맥주, 막걸리보다 훨씬 도수가 높다. 하지만 약재가 들어갔기 때문에 죽엽청은 많이 마셔도 숙취가 심하지 않다. 다만 술을 만드는 과정에서 설탕이 많이 들어간 경우 혀가 마비될 만큼 지나친 단맛을 느낄 수도 있다. 이러한 이유로 단맛이 나는 술을 싫어하는 사람에게는 죽엽청이 그리 달갑지 않은 술이다.

죽엽청의 역사

죽엽청은 언제 세상에 처음 등장했을까? 중국 역사에서 죽엽청은 대략 1,500년 전, 그러니까 중국이 북조와 남조 두 개의 조정으로 나뉘어 서로 싸우고 있던 남북조 시대에 처음 나타났다고 알려진다. 사람들은 죽엽청이 한약재가 많이 들어간 술이기에 건강에 좋다고 생각했으며, 서민들보다는 왕족이나 높은 관리들이 더 즐겨 마셨다. 흔히 말하는 약주(藥酒)의 범주에 죽엽청이 들어갔던 것이다.

당나라 시기에 들어서면서 죽엽청의 인기는 폭발적으로 증가한다. 죽엽청은 중국 산시성에서 처음 만들었는데, 공교롭게도 당나라의 실권자이자 중국 역사상 최초의 여자 황제였던 측천무후가 이 산시성 출신이었다. 측천무후는 자신의 고향에서 만든 술인 죽엽청을 매우 사랑했다. 남편인 당 고종과 함께 죽엽청을 마셔 보고는 그 맛에 반해 〈유구룡담(遊九龍潭)〉이라는 시도 지었다.

아름다운 여인이 산에 있는 집의 창문을 통해서 시냇물을 바라보고 있네
바위의 꼭대기에는 봉황 두 마리가 날고, 연못에는 9마리 용이 잠겨 있네
술에는 대나무 잎이 떠 있고, 잔 위에는 부용꽃이 그려져 있으니
산을 보면 바람이 소나무에 불어 온다네

시에서 언급한 '대나무 잎이 떠 있는 술'이 바로 죽엽청이었다. 죽엽청이란 이름 자체에 대나무 잎, 즉 죽엽이라는 단어가 들어가다 보니 당나라의 시인들은 죽엽청을 '대나무 잎'이라는 별명으로 불렀다. 그래서 당나라의 시인들 역시 죽엽청을 마셔 보고 그 맛을 찬양하는 시를 여러 편 발표했다.

당 현종과 양귀비의 사랑에 대해 노래한 시인 〈장한가(長恨歌)〉를 지었던 시인인 백거이가 지은 시도 있다. 그는 〈5월에 장미꽃이 왕성하게 피어난다(五月薔薇花盛開)〉라는 시에서 죽엽

청에 대해 이렇게 노래했다.

봄에는 항아리 위의 대나무 잎이 익고,
여름에는 계단 아래의 장미가 피어난다
장미의 진한 붉은 색은 불을 닮았고,
녹색의 끈끈한 대나무 잎은 설탕 냄새가 나는구나

또한 당나라의 다른 시인인 임화도 〈회소인초서가(懷素人草書歌)〉라는 시에서 죽엽청을 찬양했다.

황금 병에 술이 담겨 있고 대나무 잎은 향기롭다. 열 잔인지 다섯 잔을 마셨는지는 알 수 없는데, 백 잔을 마시니 벌써 미쳐 가기 시작했다네

시의 내용을 해석하자면 이러하다. 어느 날 임화가 황금 병에 담긴 죽엽청을 마셨는데, 계속 마시다 보니 자신이 죽엽청을 마신 횟수가 다섯 번인지 열 번인지도 알지 못하는 상황에 이르른 것이다. 이성을 잃고 미쳐 버릴 만큼 죽엽청의 맛에 잔뜩 빠져들었다는 뜻이 된다. 맛있는 술을 한번 맛보면 다음날 일정을 전혀 고려하지 않은 채 계속해서 술을 들이켜는 술꾼들

죽엽청을 사랑해서 시까지 지은 당나라 시인 백거이

과 같은 모습이다.

당나라 이후에 들어선 송나라 시기에도 죽엽청은 여전히 많은 사람이 즐겨 마셨다. 송나라의 유명한 정치인이자 시인인 소식은 그가 지은 시인 〈죽엽주(竹叶酒)〉에서 '초나라 사람들이 술을 만드는데, 죽엽만이 그대로 남아 있다네'라며 죽엽청에 대해 노래했다.

송나라가 망하고 670여 년의 시간이 흐른 뒤인 1949년 10월 1일, 중화인민공화국 정부는 건국식을 치른다. 그리고 다음날 밤 베이징 호텔에서 최초의 국빈 만찬을 거행했다. 이 만찬석에 바로 죽엽청이 올랐다. 죽엽청은 오늘날의 중국 정부가 출범한 뒤로도 연회장에서 귀빈들에게 대접한 최초의 술로 선정되었다. 죽엽청은 1천 년이 넘는 세월 동안 이렇게 중국인에게 큰 사랑을 받으며 자신의 자리를 지킨 것이다.

죽엽청은 사실 무협지와는 어울리지 않는 술이다?

이번에는 도입 부분에서 이야기한 죽엽청과 무협 소설 간의 관계를 알아볼 차례이다.

1910년 일제 강점기 시절부터 1992년 한중수교가 이루어지기 전까지 약 82년 동안 한국은 중국과 교류가 단절된 상태였다. 교류한 역사가 짧은 탓인지 한국인 대부분이 중국의 역사는 알아도 중국이라는 나라의 문화에 대해서는 자세히 알지 못한다.

그럼에도 죽엽청은 한국에서 꽤 알려진 술이다. 한국 무협 소설에서 자주 등장하는 중국의 술이 죽엽청이기 때문이다. 무협 소설을 보면, 술을 파는 주점이나 기루를 방문한 협객이나 무사들이 다른 사람들을 만나고 이야기를 나누며 친분을 쌓을 때 죽엽청이 등장한다. "죽어도 같이 죽고 살아도 같이 살자"라며 의형제를 맺는 의식을 치를 때 나오는 술도 바로 죽엽청이다.

헌데 죽엽청을 마셔 본 사람들은 죽엽청이 무협 소설과는 어울리지 않는 술이라고 이야기한다. 앞서 언급한 대로 죽엽청은 혀가 얼얼해질 만큼 달콤한 맛이 난다. 목숨이 오가는 싸움터에서 칼을 맞대며 살아가는 거칠고 난폭한 무사들에게 이처럼 단맛이 나는 술은 어쩐지 부자연스럽다는 이유에서이다.

험악한 테러리스트들이 크림이 잔뜩 들어간 음료를 마시며 "우리는 이제부터 생사를 함께한다!"라고 맹세하는 장면을 상상해 보면 어떤 느낌인지 쉽게 이해가 될 것이다.

그럼에도 무협지에 죽엽청이 등장하는 이유

왜 한국의 무협 소설에 유독 죽엽청이 자주 등장하게 되었을까? 여기에는 그럴 만한 시대적 배경이 있다. 1989년 해외 여행 자유화가 이루어지기 전까지 한국인들은 미리 정부의 허락을 받지 않으면 해외 여행을 갈 수 없었다. 그러다 보니 자연스레 외국의 문화에 어두웠다.

아울러 1980년대까지 한국 정부는 국내의 술 산업을 보호하기 위해서 외국 술의 수입을 억제했고, 국내에 수입되는 중국의 술은 대만을 통해서 들어오는 죽엽청 정도가 고작이었다. 당시 접할 수 있는 몇 안 되는 중국 술 중에서 고급스러운 맛이 나는 것은 죽엽청 뿐이었다. 이러한 이유로 중국을 배경으로 한 무협 소설을 쓰는 작가들은 자신의 소설에 죽엽청을 등장시킬 수밖에 없었다. 이때 정착한 문화가 오늘날까지도 이어져 죽엽청은 한국 무협소설에 가장 자주 등장하는 단골손님이 되었다.

이순신이 위장약으로 먹었던 '이것'의 정체는?

소주

현재 한국에서 가장 흔하게 마실 수 있는 술은 희석식 소주이다. 이 희석식 소주는 안동소주와 같은 전통 소주보다 도수가 훨씬 낮고 재료비도 저렴한 술이다. 사실 아무런 맛도 없고 그저 싼값에 빨리 취하기 위해 마시는 술이라 젊은 층 사이에서는 호불호가 갈리고 있다.

한국인의 술, 소주의 탄생

오늘날 한국인들은 희석식 소주를 '한국인의 술'이라고 부른다. 그러나 이 소주에 얽힌 역사를 자세히 알게 된다면 소주를 마냥 좋게만 보기는 어려울 것이다.

소주의 기원은 한국 땅이 아니라 페르시아이다. 이들이 만든 증류주인 아라크가 소주의 뿌리가 되는 술이다. 본래 아라크는 페르시아를 비롯한 중동 지역에서 위장약으로 쓰려고 만든 술이었다.

술을 엄격히 금지하는 중동 지역에서 술을 만들었다는 사실이 의아할 것이다. 그러나 중동에서도 공개적으로 금지되어 있을 뿐 암암리에 술을 마시는 사람들이 존재한다. 중동 이슬람교 문화권의 구전 문학인 《아라비안나이트》를 보면 대제국 아바스 왕조에는 최고 통치자인 칼리프를 모시는 관리들 중 '칼리프의 술 상대'란 직책을 가진 비서들이 있었다고 한다.

1240년 무렵 몽골군은 서방 원정을 떠나 페르시아까지 정복하는 데 성공한다. 이때 이들이 얻은 전리품 중에 아라크가 있었다. 몽골제국의 영토가 확장되면서 몽골족이 세운 원나라의 지배를 받았거나 교류를 했던 고려와 동남아 등지로도 아라크가 전파되었다.

이때 몽골군은 일본 원정을 위해 경상북도 안동에 오랫동안 주둔했는데, 이들이 마시던 아라크의 영향을 받아 탄생한 술이 안동소주이다.

한국의 전통술인 안동소주

독하지만 매혹적이었던 소주

고려인들은 아라크를 아랄길이라고 불렀다. 이들이 처음 아랄길을 접했을 때에는 도수가 너무 높아 거부감을 느꼈지만, 얼마 지나지 않아 그 독한 맛에 푹 빠져들었다. 이색은 이랄길을 마신 소감을 이렇게 읊었다.

형체에 기대지 않게 하는 술 속의 영특한 기운이여
가을 이슬로 둥글게 맺혀 밤 되면 톰방거리는 소리
생각하면 우스워라 청주의 늙으신 종사님이
하늘의 별과 맞먹도록 뻐기게 해 주시다니

도연명*이 이 술 얻고 나면 깊이 고개 숙일 터
정칙이 맛을 보면 홀로 깨어 있으려 할지
반 잔 술 겨우 넘기자마자 훈기가 뼛속까지
표범 가죽 보료 위에 금병풍 기댄 기분일세

《목은집》

이 아랄길은 고려에서 소주(燒酒)라는 이름으로 불리게 된다. 한자 소(燒)는 '불에 태운다'는 뜻을 담고 있다. 마시면 마치 몸이 불에 타는 것 같은 느낌을 받는다고 하여 붙여진 이름이다. 이전까지 고려인들은 아랄길 만큼 독한 술을 마셔 본 경험이 없었던 것이다.

소주를 마시다 신세를 망친 조상들

고려 말, 소주를 자주 과음해서 병사들이 한심하게 여겼던 김진이라는 장수가 있었다. 어느날 김진은 왜구가 쳐들어왔는데도 제대로 싸워 보지 못한 채 줄행랑을 친다. 그날도 소주를 잔뜩 마시고 취해 있었기 때문이었다. 결국 그는 이 일로 문책

* 중국 남조의 유명한 시인

을 당하고 유배형에 처한다. 분별없이 소주를 마시다가 그만 신세를 망쳐 버리고 만 것이다.

당시의 소주는 알코올 도수가 매우 높아서 지나치게 많이 마시다가 목숨이 위태로워지거나 사망하는 경우도 잦았다. 태조 이성계의 아들인 이방우는 아버지가 고려를 무너뜨리고 왕위를 빼앗은 일을 비관하여 벼슬을 버리고 매일 소주만 마시다 허무하게 죽었다.

조선 초기의 문신이었던 채수는 무더운 여름날 갈증이 심하여 차가운 소주를 혼자서 잔뜩 마시다가 그만 기절해 버린다. 가족들이 그 모습을 보고 그가 죽은 줄 알고 슬프게 통곡을 하는 우여곡절을 겪었다. 그때 채수의 아내가 재빠르게 얼음을 깨서 채수의 입에 집어넣자 의식이 돌아왔는데, 마치 깊은 잠을 자다 깨어난 것처럼 조금도 피곤하거나 고통스럽지 않았다고 전해진다.

조선 후기의 문신인 윤휴는 사약을 받고 죽기 직전, "나는 주량이 있는데 이 약이 목숨을 떨어지게 할 수 없을 듯싶다. 소주를 가져와야 되겠다"라고 말했다. 이 말을 들은 사형집행관은 윤휴에게 소주와 사약을 연달아 먹였고, 그 뒤로 윤휴는 바로 사망했다.

흔한 인식과는 달리 사약은 그 독성이 약해서 마셔도 죽지 않는 사람들이 꽤 있었다. 윤휴는 그럴 경우를 대비해 일부러 소주를 많이 마시고 생명을 위태롭게 만든 다음 사약을 마셨던 것이다.

조선의 의학자인 허준은 소주의 높은 알코올 농도와 그로 인한 중독 문제 때문에 여러 사람이 고통받는 것을 보고는 그가 쓴 책인《동의보감(東醫寶鑑)》에서 소주의 독을 푸는 방법을 소개했다.

> 소주를 너무 마셔 중독이 되면 얼굴이 파랗게 되고 혼미하여 의식을 잃게 된다. 그리고 심하면 창자가 썩고 옆구리가 뚫어지며 온몸이 검푸르며, 토혈과 하혈이 되어 곧바로 죽게 된다. 환자를 처음 발견하면 빨리 옷을 벗기고 몸을 밀어 무수히 굴려서 토하게 하면 소생한다. 또 온탕(溫湯)에 나체로 담가 놓고 온수를 부어 주어 항상 따뜻하게 해 주어야 하며, 만약 냉수를 부어 주면 즉사한다. 또 급히 생오이와 그 덩굴을 짓찧어 즙을 내서 빨리 입을 벌리고 먹여 주기를 멈추지 말아야 하며 또 얼음을 부수어 입안과 항문에 넣어 주되 이를 깨어날 때까지 해 준다. 감나무 잎을 짓찧어 즙을 내서 먹여 주는 것도 방법이 된다.

조선 시대에는 소주를 약으로도 사용했다

소주의 높은 알코올 농도는 오히려 도움이 되기도 했다. 몇몇 사람들은 소주를 구충제나 설사약 등의 용도로 사용하였다. 조선 초기의 문신인 권근은 그의 친구인 김공에게 그가 소주로 병을 치료한 이야기를 듣고서 이를 문집인 《동문선(東文選)》에 기록했다.

김공이 평안도 박주에 발령을 받아 갔을 때의 일이었다. 그를 따라 함께 박주로 간 친구가 한 명 있었다. 그는 언젠가부터 시름시름 앓기 시작했다. 목에서 바늘로 찌르는 것과 같은 고통을 느꼈고 배도 북같이 커졌다. 먹고 마시는 것도 잘 못해서 거의 죽기 직전 상태까지 갔다.

어느날 그런 그가 김공을 만나러 왔다. 김공이 봤을 때 그는 거의 숨이 넘어가기 직전이었다. 김공은 그를 불쌍히 여겼고, 소주 두 잔을 권하며 "소주가 가슴 속의 체한 기운을 내리게 하니 어서 마셔 보게"라고 말했다. 친구는 소주를 받아 마시자마자 토기를 느꼈고, 밖으로 나가 크고 작은 벌레들을 토해 냈다. 그는 그때부터 병이 깨끗이 낫고 건강을 되찾았다고 한다. 아마 김공의 친구는 독한 소주를 마시고 구충제를 먹은 듯한 효과를 얻었던 듯하다.

또한 성종 임금 시절의 재상인 홍윤성은 자주 이질(설사병)을 앓았는데, 그 약으로 소주를 마셨다고 전해진다. 당시 성종 임금이 곡식을 아끼기 위해 술을 마시지 말라는 금주령을 내렸던 무렵이라 그가 소주를 마신 일이 조정에서 논란이 되기도 했다. 그러나 성종은 홍윤성이 약으로 쓰기 위해 소주를 마셨기 때문에 죄를 묻지 않았고, 오히려 그에게 소주 마시는 것을 허락했다고 한다.

임진왜란 시기에 조선 수군을 이끌고 일본을 물리쳤던 이순신은 전란 중에 극심한 스트레스를 받아 항상 위장병 증세에 시달렸다고 한다. 《난중일기》를 보면, 이순신이 이 위장병을 소주를 마셔 해결했다고 기록되어 있다. 아마 독한 술기운으로 고통을 덜려고 했던 것은 아닌지 생각해 볼 수 있다.

정조 임금 시절인 1785년, 질병의 치료를 담당한 기관인 혜민서에서 '올해 발생한 여러 가지 사소한 질병들에는 오직 소주만 써도 살아난 사람들이 많습니다'라고 보고하기도 했다.

허준의 스승인 양예수가 지은 의학서인 《의림촬요(醫林撮要)》에서는 질병의 일종인 나력*을 치료할 때에 인삼, 천궁, 감초, 질경, 황기 등을 섞어서 만든 약인 익기양영탕(益氣養榮湯)

* 瘰癧, 임파선염

수십 첩을 마신 뒤에 주사(朱砂)와 혈갈(血竭)을 가루로 만들어 소주에 타서 마시라고 권유했다.

또한 《의림촬요》에서는 음식을 지나치게 먹고 소화불량 상태가 되었을 때, 피부가 트고 상처 입었을 때, 뼈와 근육을 다쳤을 때, 치통이 심할 때 등등 소주를 활용해 많은 병을 고칠 수 있다고 언급했다.

소주는 제사 때에도 쓰였다. 무더운 여름철에는 세균들이 왕성하게 활동해 도수가 낮은 청주는 쉽게 상하지만 도수가 높은 소주는 잘 상하지 않아 특히 여름철 제사상에 자주 올랐다. 율곡 이이도 이 점을 강조하며 여름철에는 청주 대신 소주를 제사상에 올리라고 조언했다.

조선에도 칵테일이 있었다?

약용으로 마시는 것이 아니라 술맛을 즐기기 위해 소주를 가까이한 사람도 많았다. 조선 전기의 문신인 손순효도 소주를 좋아했는데, 그는 "내가 죽으면 좋은 소주 한 병을 무덤 앞에 묻어 달라"라는 유언을 남기고 죽었다. 가족들도 그의 소주 사랑을 잘 알았기에 유언대로 무덤 앞에 소주를 묻어 주었다고 한다.

술을 좋아하는 이들은 막걸리와 소주를 섞어 마시기도 했는데 이를 '혼돈주'라고 불렀다. 조선에서도 칵테일을 만들어 마신 것이다. 조선 전기의 문신인 정희량은 그의 문집인 《허암집(虛庵集)》에 실린 시, 〈혼돈주가(混沌酒歌)〉에서 혼돈주에 대해 다음과 같은 소감을 토로한다.

> 혼돈주를 바가지에 부어서 마시니, 마치 신령과 통하고 우주가 열리며 자연과 내가 하나가 되는 것 같아서 도연명이 부럽지 않다.

이렇게 만든 혼돈주는 소주와 막걸리의 맛을 한꺼번에 경험할 수 있어 술꾼에게는 안성맞춤이었다. 또한, 소주의 독한 맛이 막걸리의 부드러운 맛으로 중화되어 술이 약한 사람도 충분히 마실 수 있었다.

독하지만 포기할 수 없었던 조선의 소주

중국에 사신으로 방문하는 조선의 관리들은 중국인과 교류할 때 소주를 선물로 주고받았다. 조선 후기의 문신인 이의현은 중국 청나라를 방문한 후 '연중(중국 베이징) 사람들은 우리

나라의 소주가 너무 독하다며 잘 마시지 않고, 마셔도 그리 좋아하지 않는다'라고 언급했다.

물론 이와 반대되는 내용의 기록도 있는데, 조선 후기의 문신인 이갑은 청나라에 다녀온 뒤 1778년에 쓴 견문록《연행기사(燕行記事)》를 통해 다음과 같이 말했다.

(중국의) 소주는 우리나라의 소주에 비하면 무척 맛이 떨어진다. 마신 뒤에 뱃속이 또한 편치 못한데 이는 회(灰)를 타서 빚기 때문이라 한다. 그러므로 중국인들은 우리나라 소주를 대단히 좋아하지만, 한번 마시면 목구멍을 찌르기 때문에 한 번에 다 마시는 사람이 한 명도 없다.

그는 뒷부분에서 '청나라 강희황제 때, 소주를 빚을 때 곡식을 많이 소모한다 하여 금지한 일이 있으나 되지 않았다 한다'라고 언급했다. 이 구절을 보면 청나라에서도 정부의 금지령을 어기면서까지 소주를 만들 정도로 좋아했던 사람들이 있었던 모양이다.

군인처럼 힘든 육체노동을 하는 직종에서 일하는 사람들은 도수가 높은 소주를 유독 좋아했다. 독한 술을 마시고 빨리 취해 힘든 피로를 잊고 싶기 때문이었다. 이런 사정을 잘 알고 있던 조선의 임금 숙종은 군사들의 사기를 북돋우려는 뜻에서 왕실 호위대인 금군과 훈련도감의 군사들에게 소주를 50병씩 상으로 내려 주었다.

뜻밖의 법률로 탄생한 희석식 소주

이렇게 조선 왕조 내내 사랑받던 소주는 일제 강점기를 거쳐 박정희 정부로 접어들면서 뜻하지 않은 탄압을 받았다. 앞에서도 누차 언급했던 양곡관리법 때문이었다.

원래 우리 조상들은 집집마다 술을 빚었다. 이는 된장, 고추장과 같은 장이나 김치를 집집마다 담그는 것과 마찬가지였다. 그래서 집마다 만드는 술의 종류와 장과 김치의 맛이 다 달랐다. 이것이 한국의 전통 음식 문화였다.

쌀로 술을 빚지 못하게 법으로 막는 것은 조상 대대로 지켜왔던 전통 음식 문화를 뿌리째 뽑는 행동이었다. 그래서 이러한 양곡관리법에 반발해 정부의 지시를 어기고 예전 방식대로 몰래 술을 빚었던 사람들이 많았다.

그러나 정부는 그조차 봐주지 않았다. 농민들이 양곡관리법을 잘 지키고 있는지 철저히 파악한다는 목적으로 관청의 조사원이 시골 농가를 습격해 술 단지를 찾는 일이 비일비재했다.

몰래 술을 빚은 농민들은 조사원이 나오면 황급히 술 단지를 숨기곤 했다. 그러다가 운이 나빠 발각되기라도 하는 날에는 술 단지와 누룩을 모두 빼앗기고 관청에 끌려가 큰 곤욕을 치렀다.

이렇게 군사정권을 거치면서 한국의 전통주들은 사실상 맥이 끊어져 버렸다. 민주 정부가 들어선 이후 몇몇 뜻있는 이들이 옛 자료를 찾아 전통주를 되살려 보려고 노력하고 있으나, 생각처럼 잘되고 있지는 않다.

이런 상황에서 안동소주가 살아남은 것은 기적이다. 정부의 금지령에도 은밀히 제조 기술이 지켜져 왔으니 말이다. 우리 조상들이 마셨던 진짜 소주를 맛보고 싶다면 안동의 특산물인 안동소주를 마셔 보길 바란다.

양곡관리법을 내세워 전통주 문화를 파괴했던 정부는 막걸리나 청주, 소주의 원료를 쌀 대신 값싼 밀가루나 고구마로 교체하고 여기에 아스파탐 같은 단맛이 나는 화학 물질을 넣었다. 이렇게 만들어진 소주가 희석식 소주이다.

희석식 소주를 처음 맛본 사람들은 지독하게 쓰고 맛이 없다며 불만을 터뜨렸다. 당연한 일이었다. 원가를 아끼기 위해 싸구려 재료를 써서 뽑아낸 알코올로 만든 술이 훌륭한 맛이 나거나 좋은 향이 담겼을 리가 없었다. 게다가 저품질의 알코올을 썼기 때문에 소주를 그대로 마시면 속이 거북해지기 일쑤였다. 이런 희석식 소주의 맛없는 특징을 숨기기 위해 소주 회사들은 더 많은 화학 감미료를 집어넣었는데, 그러다 보니 희석식 소주를 마시고 나면 숙취가 심해졌다. 간에서 술에 포함된 알코올과 화학 성분을 분해하는 데 그만큼 시간이 오래 걸리기 때문이었다.

이제는 외국인이 한국의 전통 소주를 만든다?

희석식 소주 시장은 급격하게 성장하여 1960년대 이후로 한국의 대중 술시장을 거의 장악하다시피 했다. 인구의 절대다수를 자치하는 서민들이 희석식 소주를 앞다투어 찾았다. 이는 희석식 소주가 그들의 입맛에 맞아서가 아니라 값이 쌌기 때문이었다.

희석식 소주는 그 자체로는 아무런 맛이나 향이 없다 보니 술맛을 위해 마시기보다는 다른 음식을 먹을 때 반주로 곁들여 마시는 것이 더 좋다. 다만 주머니 사정이 어려워서 다른 음식을 사 먹을 형편이 못되는 사람들은 아무런 안주 없이 그저 소주만 마시는데, 이런 경우를 속어로 '깡소주'라고 부른다.

한국 영화나 드라마에는 중년 남자가 사업이 실패하거나 인생이 절망에 빠졌을 때 이를 비관하여 혼자서 깡소주를 마시는 장면이 자주 등장한다. 현실에서도 그렇게 깡소주를 마시는 일이 비일비재하다.

한국이 높은 경제 성장을 이루고 서민들의 삶이 나아지면서 젊은 세대들은 점차 희석식 소주를 멀리하고, 맥주나 막걸리나 와인 같은 다른 술을 찾고 있다. 이제 어느 정도 살만해지니 더는 부모 세대처럼 아무런 맛도 없고 그저 싼값에 취하려고 마시는 희석식 소주를 마시고 싶지 않다는 뜻이다. 이걸 두고 "젊은 것들이 인생을 모른다"라고 손가락질을 하면 안 된다. 사람은 서 있는 곳이 다르면 생각도 달라지기 마련이다.

그런데 최근 한류 바람이 불기 시작하면서 희석식 소주와 같은 한국 술 문화에 관심을 둔 외국인이 늘어나고 있다. 심지어 외국인이 한국에 직접 와 전통주에 관련된 자료를 찾아 공부하고, 이를 바탕으로 안동소주 같은 증류식 소주를 손수 만든 사례도 있다.

2011년 미국인 브랜 힐이 만들어 출시한 토끼 소주가 그 대표적인 예이다. 토끼 소주는 증류를 최대 세 번까지만 한다. 무려 200번이나 증류해서 맛과 향이 모두 없어져 버리는 희석식 소주와 달리 매우 부드럽고 풍부한 향을 지녔다. 한국인이 스스로 파괴해 버린 전통 술 문화를 외국인이 찾아내어 복원하다니, 참으로 아이러니한 일이다. 이것이야말로 새로운 한류가 아닐까?

왜 '와인의 왕'은 헝가리에서 만들어질까?

토카이 와인

토카이 와인은 헝가리와 슬로바키아의 인접 지역인 토카이(Tokaj)에서 생산된 와인에 붙는 이름이다. 다른 나라의 와인과 다른 점은 와인이라고 하면 으레 연상되는 떫은맛 대신 매우 달콤한 맛을 낸다는 것을 들 수 있다.

토카이 와인은 전통적으로 카르파티아 산맥 근처 해발 457미터의 작은 고원에서 재배하는 포도로 만들어진다. 왜 이곳이 토카이 와인의 산지가 되었을까? 카르파티아 산맥 근처의 토양은 화산재 성분을 포함하고 있는데, 화산재가 덮인 지역의 흙은 물이 잘 빠져서 이들 지역에서는 포도 재배가 잘 된다. 그리스 신화에서 대장장이와 화산의 신인 헤파이스토스가 와인의 신인 디오니소스와 매우 각별한 친구 사이인 이유가 바로 이런 자연환경에서 유래한 것이다.

또한 카르파티아 산맥 근처는 봄에는 시원하고 건조하며, 여름은 눈에 띄게 덥고, 가을에는 일찍 비가 내리며 겨울로 넘어가기 전에 따뜻한 날이 오랫동안 계속된다. 겨울은 몹시 춥고 바람이 많이 불어 와인의 숙성 기간이 매우 길어진다.

토카이 와인을 만드는 데 사용하는 포도 품종은 푸르민트, 하르스레벨루, 노란색 무스카트, 제타, 코벨스졸로, 카발 등 총 여섯 가지이다. 이 중에서 토카이 와인의 재료로 가장 흔하게 사용하는 포도 품종은 푸르민트인데, 전체 토카이 와인 생산량 중에서 60퍼센트를 차지한다.

푸르민트는 익기 시작한 처음에는 껍질이 두껍지만 어느 정도 익으면 더 얇고 투명해진다. 이러한 특징 덕분에 햇빛이 푸르민트 포도에 침투하면서 내부의 액체 대부분을 증발시키므로, 열매에서 더 높은 농도의 당분이 만들어진다.

또한 푸르민트는 부패를 방지하는 두 번째 껍질을 가지고 있는데, 이는 포도의 천연 당분을 농축하는 효과가 있다. 푸르민트는 곰팡이가 생길 수 있을 만큼 오랫동안 포도나무에서 떨어지지 않고 자랄 수 있는데, 이렇게 자라도록 두었다가 12월 말엽에 수확한다.

교황의 식탁에 올라야 할 술

토카이 와인은 언제부터 등장했을까? 기록상으로 이 와인을 마신 최초의 인물은 로마 교황 비오 4세이다. 그는 1562년 트렌트 공의회에서 토카이 와인을 마셔 보고는 "이것은 교황의 식탁에 올라가야 할 와인이다!"라고 감탄하여 외쳤다고 전해진다. 대략 16세 중엽부터 헝가리인은 이미 토카이 와인을 만들어 마셔오고 있었던 것이다.

토카이 와인을 만드는 원료인 포도원은 1730년부터 헝가리 왕국에 의해 체계적으로 관리되기 시작했으며, 토양과 햇빛 노출과 귀부병 및 보트리티스 시네레아*의 발생 가능성에 따라 포도원을 1등급, 2등급, 3등급 와인을 생산하는 식의 범주로 분류했다.

1867년부터 1920년까지 헝가리를 지배했던 오스트리아-헝가리 제국이 해체되자, 토카이 와인을 만들던 지역은 헝가리와 체코슬로바키아 두 나라가 각각 나누어 차지하였다. 그리고 1945년 제2차 세계 대전이 끝나자 헝가리는 소련의 영향을 받아 사회주의 국가가 되었다. 토카이 와인은 6천여 개의 소규모

* 포도 곰팡이 병균

토카이 와인

생산업체가 만들었지만 유통과 판매는 국영회사가 독점했다.

1990년 헝가리가 사회주의 체제에서 벗어나 자본주의 체제를 갖추자 서방의 자본이 들어와 토카이 와인을 만드는 기업도 새로운 활력을 얻게 되었다. 다만 사회주의 체제 붕괴 이후에도 여전히 헝가리에서는 국영회사가 토카이 와인 전체 생산량의 20퍼센트를 차지하고 있다.

왕들이 사랑한 토카이 와인

토카이 와인은 그 훌륭한 풍미로 인해 옛날부터 서구의 수많은 사람으로부터 열렬한 사랑을 받았다.

프랑스 국왕 루이 15세와 프로이센의 국왕인 프리드리히 대왕은 프랑스의 뛰어난 철학자인 볼테르를 초대했을 때 토카이 와인을 대접하였다.

러시아에서는 표트르 대제와 엘리자베스 여제가 이 토카이 와인을 좋아했으며, 1771년부터 1792년까지 스웨덴의 왕이었던 구스타프 3세는 토카이 와인을 한번 마셔 본 뒤로부터는 다른 와인을 일절 입에 대지 않고 오직 토카이만 마셨다.

프랑스의 마지막 황제인 나폴레옹 3세는 매년 프랑스 왕실에서 마실 토카이 와인을 주문했으며, 1848년부터 1916년까지 오스트리아-헝가리 제국의 황제였던 프란츠 요제프 1세는 매년 자신의 생일인 8월 18일마다 영국의 빅토리아 여왕에게 토카이 와인을 열두 병씩 선물로 보냈다.

또한 베토벤, 슈베르트, 괴테, 하이네, 하이든, 요한 슈트라우스 2세 등등 수많은 위대한 작가와 작곡가 들이 토카이 와인을 사랑했다. 그래서 유럽의 수많은 노래와 문학 작품 속에 이 토카이 와인이 등장한다.

예술가들의 영감이 되다

괴테의 《파우스트》에서 악마 메피스토펠레스는 인간을 유혹

하는 최고의 와인으로 토카이 와인을 내놓는다. 이는 토카이 와인의 맛이 매우 달콤했기 때문에 그만큼 악마의 유혹도 달콤하다는 의미를 담고 있었다.

프랑스 작가 알렉산더 뒤마의 소설인《여왕의 목걸이(Le Collier de la reine)》에는 프랑스의 재상인 리슐리외 백작이 스웨덴 국왕에게 대접할 점심 식사를 준비하는 과정이 나온다. 여기서 백작은 국왕에게 특별한 술을 접대하기 위해 한 시간이나 기다려 얻은 토카이 와인을 바친다.

영국의 작가 코난 도일이 발표한 유명한 탐정 소설《셜록 홈즈》시리즈에도 토카이 와인이 등장한다. 1917년 작품인《마지막 인사》에서 셜록 홈즈는 이중 스파이로 숨어들어 독일의 스파이인 폰 보르크를 해치운다. 이후 셜록 홈즈는 친구이자 조수인 왓슨을 만나 축배를 들며 토카이 와인이 담긴 술잔을 권한다. "훌륭한 와인일세, 왓슨. 이 와인은 쉰브룬 궁전에 있는 프란츠 요셉 황제가 가진 특별한 지하실에서 나온 것이네"라고 설명하면서 말이다.

헝가리인의 자부심이 되다

이렇게 토카이 와인이 사랑을 받자, 다른 나라에서도 토카이 와인을 빚는 포도 품종을 수입하여 '토카이'라는 상표를 붙이고 판매하는 일이 있었다. 특히 와인의 종주국을 자부하던 프랑스에서는 내심 자신들이 만드는 와인보다 헝가리에서 만드는 토카이 와인이 더 훌륭한 맛을 낸다는 사실에 불쾌해 했다. 그리고 토카이 와인의 포도 품종을 가져와 알자스 지방에 심고 수확하여 이를 토카이 알자스(Tokay d'Alsace)라는 상표를 붙여서 판매하였다.

토카이 와인의 고향인 헝가리에서는 이 사실을 알고 무척이나 분노했지만 20세기 이전까지는 지금처럼 상표권에 대해 엄격한 특허가 부여되지 않아서 딱히 막을 방법이 없었다. 그 예로 코카콜라가 전 세계에서 큰 인기를 얻었던 마리아니 와인을 모방해 상품을 출시했을 때도 프랑스에서는 어떠한 항의도 하지 않았다.

자부심과도 같은 토카이 와인을 프랑스에서 만들어 판다는 사실을 결코 용서할 수 없었던 헝가리는 사회주의 체제가 해체된 직후인 1993년, 유럽 연합에 가입하는 대가로 "토카이 와인의 원산지 보호를 지정해 달라"고 건의했다. 이 조건이 받아들여짐에 따라 2007년 3월부터 프랑스와 이탈리아 등 다른 나라의 와인 생산업자들은 더 이상 토카이라는 상표를 사용할 수 없게 되었다.

이처럼 토카이 와인은 오늘날까지도 헝가리인의 자랑거리이자 특산물로 남아있을 만큼 훌륭한 술인 것이다.

만병통치약이 되길 원했던 죽음의 술

압생트

네덜란드의 전설적인 화가인 반 고흐는 우울증에 시달리다 끝내 자살하고 말았다. 그런데 고흐가 자살한 원인 중 하나로 그가 평소에 즐겨 마신 술인 압생트를 꼽는 의견도 있다. 이 압생트가 워낙 도수가 높은 데다 마시면 환각이 보이고 환청이 들리기에 고흐가 자살하는 데 일조했다는 것이다.

쑥에서 추출한 녹색 빛깔의 술

프랑스어에서 압생트는 두 가지 의미를 담고 있다. 첫 번째는 알코올이 든 술이고 두 번째는 쑥과 같은 식물을 가리킨다.

이 압생트의 어원은 라틴어인 압생티움(absinthium)에서 유래했으며, 압생티움의 뿌리는 그리스어로 쑥을 가리키는 단어인 압신티온(apsinthion)이었다.

인류는 오래 전부터 쑥을 건강에 좋은 약재로 사용해 왔다. 기원전 1550년 무렵 고대 이집트에서 만들어진 의료 관련 문헌인 《에버스 파피루스(Ebers Papyrus)》에서는 쑥을 의학적인 재료로 쓸 수 있다는 내용이 언급된다.

또한 고대 그리스인은 압생트 오이노스라고 불리는 쑥 냄새가 나는 와인을 즐겨 마셨는데, 이는 쑥에서 추출한 물질을 와인에 넣은 것이었다.

고대 로마의 시인이자 철학자인 루크레티우스는 그의 저서인 《사물의 본성에 관하여》에서 향쑥으로 만든 음료에 꿀을 넣고 그것을 컵에 담아 아이들에게 약으로 주었다고 기록했다. 여기서 언급된 향쑥은 쑥의 일종으로 가지의 끝 부분을 구충제나 해열제 및 강장제로 사용하는데, 훗날 압생트의 원료가 되는 재료도 바로 이 향쑥이다.

로마 시대로부터 약 1,300년이 지난 1792년 무렵, 스위스 뇌샤텔 주에 살던 프랑스인 의사 피에르 오디네르 박사가 만병통치약으로 사용하기 위해 압생트를 발명하는 데 성공했다.

압생트를 만드는 방법

압생트는 기본적으로 증류주에 속한다. 그렇기 때문에 초창기에 압생트를 만들 때에는 화이트 와인(백포도주)을 다시 증류하는 방식과 곡물, 사탕무, 감자 등에서 추출한 알코올을 사용하는 방식 모두가 사용됐다. 여기에 향신료의 일종인 녹색 아니스와 향쑥, 회향을 넣었는데 압생트 제조업자들은 세 가지 식물을 가리켜 '거룩한 삼위일체'라고 불렀다. 물론 꼭 향쑥만 써야 하는 것은 아니고, 우슬초, 멜리사, 안젤리카, 페퍼민트, 고수와 같은 다른 허브 계열에 속하는 식물도 향쑥 대신 넣을 수 있다.

그러다 1864년에 들어 압생트의 제조법이 규격화되었다. 쑥의 끝 부분 4파운드와 안젤리카 뿌리, 창포, 아니스 디타니 잎을 1온스씩 준비하여 약 4갤런의 알코올에 8일 동안 넣고 불린다. 그리고 물을 조금 추가한 뒤에 양이 2갤런으로 줄어들 때까지 약한 불로 계속 증류하고, 그 과정이 끝나면 아니스 기름 몇 방울을 첨가하는 식이었다.

증류를 마친 압생트는 처음에는 투명한 색이다. 제2차 침용, 즉 발효 과정을 거치는 단계에서 식물에서 추출되는 엽록소가 들어가야 녹색의 빛깔을 띤다. 향쑥 같은 식물들이 증류액에 담기는 과정에서 식물들의 엽록소가 추출되어 압생트의 상징이기도 한 녹색 빛깔이 나타나는 것이다. 엽록소를 추출하는 과정에서 향쑥을 사용하면 거칠고 쓴맛이 난다. 이런 이유로 쓴맛을 싫어하는 사람들을 위해 압생트 제조업자들은 폰티카와 히솝을 사용하기도 했다.

하지만 압생트에 무조건 녹색 빛깔만이 들어가야 하는 것은 아니다. 압생트를 제조하는 과정에서 허브 종류의 식물 대신 장미나 히비스커스 꽃을 사용하면 분홍색이나 붉은색을 띤 빛깔로 착색될 수도 있다. 이것을 보통 장미 압생트라고 불린다. 다만 사람들이 압생트라고 하면 녹색의 빛깔을 띤 종류만을 찾았기 때문에 붉은 빛깔을 띤 장미 압생트는 그다지 인기를 얻지 못했다.

이렇게 압생트에 색깔을 입히는 과정이 끝나면 나온 결과물을 물로 희석한다. 압생트는 저장 과정에서 이전보다 맛이 더욱 좋아지며, 많은 증류소에서 압생트를 병에 넣기 전에 침전 탱크에서 숙성을 시켰다.

압생트에 얼음을 넣는 이유

완성된 압생트의 알코올 농도는 최소 45도에서 72도에 달할

압생트 잔과 스푼

정도로 매우 높다. 그런 이유로 19세기 프랑스의 카페에서는 손님이 압생트를 주문하면 웨이터가 손님에게 유리잔에 담긴 압생트에 설탕과 얼음 한 병을 건네 주었다. 압생트의 알코올 도수가 굉장히 높기 때문에 압생트에 얼음을 타서 알코올 도수를 낮게 희석시키라는 의도이다. 이는 위스키를 마실 때 높은 알코올 도수를 낮게 희석시키기 위해 일부러 얼음을 위스키 잔에 넣는 것과 같다.

이렇게 얼음을 타도 압생트의 도수가 워낙 높기 때문에 특별하게 생긴 유리 잔에 부어서 마시는 것이 보통이다. 이 유리잔은 일반적으로 위쪽 부분이 넓고 아래쪽으로 갈수록 좁아지는 형태인데, 한 번에 압생트를 마시는 적절한 분량은 약 60~75밀리리터 정도이다.

다른 도수가 높은 증류주들처럼 압생트도 다른 술과 섞어서 마시는 칵테일 재료로 사용할 수 있다. 압생트를 바탕으로 하는 수많은 칵테일 중에서 가장 유명한 종류는 미국의 대표적인 작가 어니스트 헤밍웨이가 즐겨 마셨던 '오후의 죽음(Death in the Afternoon)'이다. 이는 샴페인 잔에 압생트를 부은 다음 잔에 담긴 압생트가 하얀 우윳빛이 될 때까지 아이스 샴페인을 추가한 후에 마시는 칵테일이다.

19세기 말과 20세기 초 무렵, 일부 악덕업자들은 압생트에 허브를 넣어 녹색을 입히는 과정을 귀찮아하거나 비용이 많이 든다면서 독성을 띈 구리염(copper salt)에서 추출한 녹색을 넣기도 했다. 이런 압생트를 마시게 되면 구리염의 독성이 인체에 축적되어 생명이 위험해질 위험이 컸다.

높은 인기, 그러나 두려움을 주었던 압생트

피에르 오디네르 박사가 만든 압생트는 마셔 본 사람들의 입소문을 타고 금방 큰 인기를 끌었다. 1840년대에 압생트는 열병인 말라리아를 예방하는 약으로 쓰기 위해 프랑스 군대에 보급되었고, 프랑스 군인들이 압생트를 마시면서 그 수요가 계속 늘어났다. 20년 후인 1860년대에 이르면 압생트는 프랑스의 술집, 식당, 카페 등지에서 큰 인기를 끌어 오후 다섯 시만 되면 압생트를 마셨다. 이때를 '녹색 시간(l'heure verte)'이라고 불렀는데, 이는 압생트를 상징하는 녹색 빛깔에서 유래한 이름이었다.

부유한 자본가 계층에서부터 가난한 노동자나 서민 및 예술가에 이르기까지 거의 모든 프랑스인들이 압생트를 즐겨 마셨다. 1880년대에는 압생트를 대량으로 생산하면서 가격이 이전보다 낮아졌고, 프랑스인의 압생트 소비는 더욱 늘어났다.

1910년에는 프랑스의 1년 압생트 소비량은 3,600만 리터에 달했다. 당시 와인의 1년 소비량이 50억 리터에 달한 수치와 비교하면 낮아 보이지만, 와인은 도수가 낮은 데 비해 압생트는 도수가 와인보다 훨씬 높다는 점을 고려한다면 결코 낮은 수치라고 생각할 수는 없다.

압생트는 프랑스뿐만 아니라 스위스, 스페인, 포르투갈, 영국, 미국 같은 다른 나라들에도 수출되어 큰 인기를 끌었다. 특히 프랑스를 동경하던 미국에서는 남부인 뉴올리언스에서 최초의 압생트 칵테일인 사자락을 만들었다. 사자락은 코냑과 압생트를 기본 베이스로 하여 각설탕과 얼음을 컵에 넣고 휘저어 만드는데, 코냑을 구하기 어려운 미국 남북전쟁 이후에는 코냑 대신 위스키를 넣었다.

예술과 떼려야 뗄 수 없었던 압생트

압생트를 가장 사랑한 사람들은 화가나 시인 같은 예술가들이었다. 특히 19세기를 살던 화가들은 압생트를 많은 그림의 주제로 다루었다.

프랑스의 화가인 에드가 드가는 1876년에 발표한 그림 '압생트 한 잔'에서 카페의 소파에 앉아 압생트를 주문한 사람들을 우울한 모습으로 그려냈다.

또 다른 프랑스의 화가인 앙리 드 툴루즈 로트레크는 프랑스 파리에서 밤을 보낼 때마다 속이 빈 지팡이에다가 압생트를 담아서 가지고 다니면서 마셔대는 일을 좋아했다.

말년을 타히티에서 보낸 것으로 유명한 프랑스 화가인 폴 고갱도 압생트를 즐겨 마셨고 압생트의 녹색 빛깔에서 영감을 얻어 그림에 단조로운 색채를 과감하게 사용했다.

네덜란드를 대표하는 화가 빈센트 반 고흐는 프랑스로 이주한 이후부터 압생트를 마셔 보고는 그 맛에 반해서 거의 매일같이 즐겨 마셨다. 1888년 12월 23일, 고흐는 갑자기 칼로 자신의 왼쪽 귀를 잘라버리는 이상한 행동을 한다. 이런 이상행

에드가 드가, 〈압생트 한 잔〉, 1876, 캔버스에 유채
소장처: 오르세 미술관

동에 대한 이유로는 여러 가지 주장이 분분하지만 그가 압생트를 즐겨 마셨던 것이 원인이라는 견해도 있다. 워낙 도수가 높은 술인 압생트를 매일 마시다 보니 알코올 중독에 의한 환각과 환청 현상을 겪던 고흐가 자해를 저질렀다는 것이다. 또한 그로부터 2년 뒤인 1890년 7월 29일에 권총으로 스스로를 쏘아 자살하는 참변을 벌이게 되었다고 주장한다.

다만 이는 압생트가 특별히 독을 품은 위험한 술이라서가 아니라, 압생트를 포함하여 다른 도수가 높은 증류주들을 너무 자주 마시다 보면 겪을 수 있는 알코올 중독 현상이라고 봐야 적합하다.

스페인을 대표하는 화가인 피카소는 1901년에 발표한 '압생트를 마시는 여인', 1912년에 발표한 '페르노와 유리병', 1914년에 발표한 '조각품 압생트 유리' 등 다양한 작품들을 통해 압생트를 소재로 자주 등장시켰다.

프랑스의 시인인 폴 마리 베를렌은 시인 생활을 하던 초창기에 압생트를 마셔 본 뒤 그 맛과 효능에 대해 찬양하는 내용의 글을 썼지만, 말년에는 압생트를 마시면서 매춘부나 남자와 교제하다 몰락했으며 그 원인이 압생트 때문이라고 비난했다. 그럼에도 압생트에 대한 집착을 완전히 끊을 수는 없었던지, 죽기 전에는 압생트를 계속 마셔대다 알코올 중독에 빠졌다. 그로 인해 죽었을 때에도 베를렌의 친구들은 그의 베개 밑에 압생트가 담긴 술병을 넣어 주었다고 전해진다.

오늘날에도 유명한 프랑스의 시인인 아르튀르 랭보는 베를렌과 친숙하게 지내던 사이였고, 함께 많은 양의 압생트를 마시는 일을 좋아했다. 하지만 랭보의 동성애 성향 때문에 둘의 사이는 멀어졌고 급기야 베를렌이 랭보의 손에 총을 쏘는 사건이 벌어지자, 랭보는 압생트를 마시고 그 취기에 시를 쓰는 일을 그만두었다.

시집 《악의 꽃》을 남긴 프랑스의 시인인 샤를 피에르 보들레르는 압생트를 열렬히 사랑하는 술꾼이었다. 그는 '취하라(Get

Drunk)!'는 제목의 시에서 압생트를 마신 소감에 대해 이렇게 묘사했다.

> 항상 술에 취해 있어야 한다. 그게 전부다. 그것이 유일한 방법이다. 허리가 부러지고 땅바닥에 쓰러지는 끔찍한 시간의 부담을 느끼지 않으려면 계속 취해 있어야 한다.
> 하지만 무엇에? 술이든, 시든, 미덕이든 원하는 대로. 하지만 취하라.

미국의 작가 어니스트 헤밍웨이는 1927년에 발표한 소설인 〈흰 코끼리 같은 언덕(Hills Like White Elephants)〉에서 압생트를 등장시켰다. 또한, 1940년에 발표한 소설인 《누구를 위하여 종은 울리나》에서는 다른 술의 품질에 실망하여 압생트를 마시는 인물인 로버트 조던을 등장시켰다.

이는 헤밍웨이 자신이 압생트를 자주 마시는 사람이었기 때문에 가능한 일이었다. 헤밍웨이는 미국에서 압생트를 포함한 술을 마시지 못하는 금주법이 통과되자, 스페인과 쿠바에서 압생트를 사들여 마셨다고 전해진다.

프랑스의 작가인 기 드 모파상은 자신이 작성한 산문 작품인 〈파리의 이상한 밤(A Queer Night in Paris)〉에서 파리 거리에서

풍기는 압생트의 냄새와 감각을 묘사하면서 '압생트를 복용할 시간'을 노골적으로 언급한다.

끔찍한 사건 끝에 금지된 압생트

압생트가 위험한 중독성을 지닌 향정신성 약물이자 환각제라고 주장하며 금지해야 한다는 여론이 19세기 후반부터 서서히 고개를 들기 시작했다. 그 내용은 대략 이러했다.

> 압생트는 사람을 미치게 하거나 범죄자로 만들고 간질과 결핵을 유발하며 수천 명의 프랑스인을 죽였다. 그것은 남자를 흉포한 짐승, 여자를 순교자, 아이를 타락한 존재로 만들었고, 가정을 와해시키고 파괴하며 나라의 미래를 위협한다.

이러한 주장에는 압생트에 포함된 화학성 물질인 투욘(thujone)이 사람의 몸에 해로운 영향을 끼친다는 연구 결과가 근거로 제시되었다. 훗날 밝혀진 바에 따르면 투욘이 사람의 몸에 미치는 영향은 매우 미미했다. 그러나 압생트를 경제적 이익 분야에서 경쟁자로 보고 있던 다른 술의 제조업자들은 압생트를 사악한 악마의 술로 선전하여 사람들에게 공포심을 주는 선전 작업에 몰두하였다.

그리고 1905년 8월 28일, 스위스에 살던 프랑스인 농부 장 랑프레이(Jean Lanfray)가 약 56그램 분량의 압생트 2잔을 마시고 아내와 두 아이를 총으로 쏴 죽이는 끔찍한 사건이 벌어졌다. 게다가 그의 아내는 마침 임신 중이었기에 랑프레이가 저지른 살인 사건은 더욱 충격적이었다.

이 살인 사건 때문에 스위스를 포함한 세계 각국에서는 "압생트가 사람을 죽게 만들었다. 압생트는 마시는 사람을 미치게 하는 위험한 술이니 금지해야 한다"는 여론이 들끓었다. 랑프레이는 압생트보다 와인과 브랜디를 더 많이 마신 알코올 중독자였지만 그러한 사실은 무시되었다.

랑프레이 살인 사건으로부터 1년 뒤인 1906년 벨기에와 브라질에서는 압생트의 판매와 유통이 금지되었다. 그리고 랑프레이의 살인 사건을 겪은 스위스에서는 8만 2천 명의 주민이 압생트를 금지해야 한다는 서명을 했다.

1908년에 이 문제의 찬반 여부를 묻는 국민투표가 시행되었는데, 압생트 금지 찬성이 반대보다 많은 표를 얻어 마침내 1910년 스위스의 헌법에 압생트의 제조나 판매를 금지하는 조항이 들어갔다.

그보다 1년 전인 1909년에는 네덜란드에서, 2년 뒤인 1912년에는 미국에서, 4년 뒤인 1914년에는 프랑스에서, 1915년까지 오스트리아와 헝가리 등 유럽의 많은 나라에서 압생트의 판매와 유통이 금지되었다.

그러나 압생트의 맛을 잊지 못하는 사람들은 정부의 금지령을 어기고 몰래 압생트를 만들어서 판매했는데, 1960년대 스위스에서는 가정에서 작은 증류소를 차려서 정부의 눈을 피해 압생트를 만드는 지하 유통이 판을 치는 상황이었다.

압생트를 가장 즐기던 프랑스의 압생트 애호가들은 우조 같은 그리스산 증류주들을 찾았다. 우조는 만들 때 아니스 같은 허브 종류의 식물이 들어가서 압생트와 비슷한 맛이 났기 때문이었다. 게다가 우조의 알코올 도수도 보통 40도에서 높은 것은 80도나 되기 때문에 압생트 같은 독한 증류주를 즐기던 사람들에게 적합했다.

영국에서는 압생트의 유통과 판매가 금지되지 않았다. 그래서 영국의 압생트 애호가들은 프랑스나 스위스 같은 나라들이 아니라 체코에서 만든 압생트인 힐스 압신트(Hill's Absinth)를 수입하여 마셨다. 다만 프랑스나 스위스산 압생트를 즐기던 사람들은 체코산 압생트를 가리켜 "원조 압생트들보다 품질이 낮고 맛도 떨어진다. 프랑스나 스위스산 압생트가 더 나았다"라고 불평을 했다.

1990년대부터 유럽 각지에서 압생트의 유통과 판매를 다시 허용하자는 목소리가 높아지기 시작했고, 드디어 2000년대에 이르자 네덜란드, 벨기에, 스위스, 미국, 프랑스 등 12개 나라에서 압생트의 유통과 판매 불법 조치가 해제되었다. 어느 나라보다 압생트를 사랑하던 프랑스에서 압생트의 불법화가 가장 늦게 풀렸다는 것은 참으로 의아한 일이다.

· 아는 만큼 더 맛있는 술 이야기 ❸ ·

막걸리는 한국에서 가장 오래된 술이다. 막걸리는 삼국 시대부터 양조되어 왔으며, 13세기 고려 시대 서적인 《제왕운기(帝王韻紀)》에는 유화가 해모수가 준 술에 취해 결국 주몽을 잉태하였다는 이야기가 있는데 이 술이 막걸리로 여겨진다. 또한, 고려시대에 막걸리는 배꽃이 피었을 때 만들었기 때문에 이화주라고 불렀다. 이는 4월로, 그 무렵 한국의 많은 지역사회에서 특별한 의식에서 밤새도록 술과 춤을 추는 전통이 있었던 것과 연관된다.

아이락은 미국 경제 전문지 《포브스》가 선정한 세계 10대 혐오 음식들 중 1위를 차지했다. 그러나 아이락은 깨끗한 몽골 고원의 풀만 먹고 자란 가축의 젖으로 만든 술이기 때문에 혐오할 만한 악취가 나는 것도 아니고, 외견이 흉한 것도 아니며, 아예 못 마실 만큼 맛이 없는 것도 아니다. 이 때문에 일부에서는 서구의 편협적인 시각이 담긴 선정이 아니냐고 평한다. 서양의 대표음식인 치즈 중에는 이탈리아의 카수 마르주처럼 아예 구더기를 레시피의 일부로 포함시키는 것들도 있는데, 이런 것들을 제치고 아이락이 1위라는 것은 상당한 문제가 있다.

미국의 초대 대통령인 조지 워싱턴은 위스키와 뗄 수 없는 인연을 가지고 있었다. 그는 건국 초기에 정부가 떠안은 빚을 해결하기 위하여 위스키에 세금을 매겼고, 이는 위스키반란(Whiskey Rebellion)으로 이어졌다. 또한, 그는 위스키로 사업 수익을 낸 유능한 사업가이기도 했다. 농장 관리인이었던 제임스 앤더슨의 권유로 자신의 상속지인 마운트 버논에 증류소를 세웠는데, 당시 미국에서 가장 큰 규모의 증류소였다고 한다. 이 증류소에서는 1년에 약 4만 리터의 위스키를 생산했다.

압생트의 색은 엽록소 때문에 나오는데, 빛을 받으면 점차 산화되어 연두색에서 연두색이 섞인 노랑색, 여기서 칙칙한 올리브그린을 거쳐 갈색으로 변한다. 따라서 압생트는 갈변되는 것을 막기 위해 화학 약품이나 와인처럼 녹색이나 갈색으로 착색한 병에 담는다. 일부 투명 병에 들어있는 압생트도 있기는 한데, 이런 경우 시간이 지나면서 색이 천천히 변하는 것을 감상하라는 목적으로 일부러 투명 병에 병입한 것이다. 압생트의 도수가 높은 이유 중 하나는 이러한 변색을 최대한 늦추기 위해서이다.

나오며

오직 즐거운 마음으로 술을 마실 그날을 위하여

마음껏 슬퍼하고 탄식해도
수심은 망각하기 어려우니
무엇으로 근심을 풀까?
그건 오직 두강주뿐 아닌가

삼국시대 위나라를 세운 조조가 지은 시 〈단가행(短歌行)〉의 한 구절이다. 한 시대를 풍미한 영웅도 잠시나마 술기운에 기대어 시름과 걱정을 잊기를 바란 것이다.

걱정뿐만이 아니다. 사람들은 두려움을 잊기 위해서 술을 마시기도 한다. 고대 유럽의 게르만족은 전투를 앞두고 두려움을 잊기 위해 도수가 높은 '맥주'를 마셨고, 취한 상태에서 전쟁터로 나가 싸웠다. 로마군은 술에 취해 짐승의 털가죽을 뒤집어쓰고 불에 달군 나무 장대를 쥐고 달려오는 게르만족 전사들을 보며 비웃었지만, 기원전 105년에 아라우시오(오늘날 프랑스 남부 오랑주 지역)에서 치른 전투에서 12만 명이 전사하는 끔찍한 패배를 겪어야 했다.

누군가에게 사랑을 느끼거나 고백할 때에도 술은 훌륭한 도구로 쓰인다. 헝가리에서 만들어진 포도주인 '토카이 와인'은 유럽의 왕족과 귀족들로부터 사랑의 묘약이라고 불렸으며, 왕실에서는 연애의 도구로 사용하기 위해 토카이 와인을 비축해 두었다.

현대인이 술을 마시는 가장 주된 이유는 즐거움을 얻기 위해서이다. 직장인들은 하루를 기분 좋게 마무리하기 위해 힘든 일과를 마치고 술집에 들른다. 녹색 빛깔의 유리병에 담긴 희석식 소주이든, 갈색 빛깔의 유리병에 담긴 맥주이든, 또는 하얀 색깔의 플라스틱 통에 담긴 막걸리이든 상관없다.

술은 마시는 사람의 기분을 즐겁게 만든다. 비록 하룻밤이 지나고 나면 사라질 즐거움이지만, 사람들은 그 순간의 즐거움을 위해서 기꺼이 술을 마신다.

흔히 마시는 희석식 소주에서부터 우리 조상들과 희로애락을 함께한 막걸리, 수메르인과 이집트인도 마셨을 만큼 역사가 오래된 맥주와 포도주, 유럽의 뱃사람들이 항해를 할 때 물 대신 마셨던 럼주, 10·26 사태 당시에 대통령과 그 측근들이 마셨던 시바스 리갈, 쿠바의 카스트로 정권을 향한 복수의 일념이 담긴 바카디 151, 현대 중국의 창시자라 할 수 있는 마오쩌둥이 즐겨 마신 마오타이, 각종 무협 소설에 단골로 등장하는 죽엽청 등등 이 책에 나오는 다양한 술의 역사를 끝까지 읽었다면 서로 연관이 없어 보였던 술과 역사적 사건이 아주 밀접한 관계로 얽혀 있다는 사실에 놀란 독자가 많을 것이다.

이렇듯 하나의 술에 인류의 수만 가지 생각, 감정, 습관, 문화 등이 담겨 있기에, 우리는 술을 그저 배를 채우기 위해 먹는 음식이 아닌 역사의 매개체라고 말하는 것이다.

그러나 단순히 역사적 사실을 알게 된 것만으로는 조금 아쉽다. 고통을 달래기 위해 마신 술이 전쟁에서 승리를 거머쥐도록 만들기도 하고, 생각 없이 준 술이 한 민족을 멸망으로 이끌기도 했다. 유독 그 지역에서 그 술을 마셨기 때문에 벌어진 사건이었을까? 아니다. 이러한 사건이 왜 일어났는지 이해하고, 그 속에 숨어있는 교훈을 깨닫는 것이 역사를 공부하는 진정한 이유이다.

이 책에서는 역사와 긴밀한 관계가 있는 22가지 술만을 선별해 담았지만, 술에 얽힌 역사에는 분량이 한정된 관계로 소개하지 못했던 흥미롭고 유익한 이야기들이 아주 많다. 이 책을 읽으며 역사에 조금이나마 더 관심이 생겼다면, 책이나 인터넷을 통해 혼자서 더 찾아보아도 좋을 것이다.

더 많은 사람이 역사를 찾아 읽고, 스스로 사색하고, 지인들과 토론하는 과정을 통해 인간의 본성과 세상의 흐름을 깊이 이해하게 된다면, 두려움이나 불안 때문이 아닌 긍정적인 이유로 술을 더 자주 찾게 될 날이 머지않아 올 것이라 믿는다.

참고 자료

• 본문

먹거리의 역사 상,하/ 마귈론 투생 사마 지음/ 이덕환 옮김/ 까치

헤로도토스 역사 상, 하/ 헤로도토스 지음/ 박광순 옮김/ 종합출판범우

몽골 제국 기행/ 플라노 드 카르피니, 윌리엄 루브룩 지음/ 김호동 옮김/ 까치(까치글방)

영웅의 역사 10: 천하의 모험가/ 진순신, 오자키, 호츠키 공편/ 이언숙/ 솔

전쟁이 요리한 음식의 역사/ 도현신 지음/ 시대의창

한국의 음식문화/ 도현신 지음/ 살림출판사

바이러스전쟁/ 도현신 지음/ 이다북스

흙의 전쟁/ 도현신 지음/ 이다북스

50가지 기름 이야기/ 도현신 지음/ 시대의창

영국이 만든 세계/ 도현신 지음/ 모시는사람들

코카콜라 게이트/ 윌리엄 레이몽 지음/ 이희정 옮김/ 랜덤하우스코리아

잉카가 이크이크/ 테리 디어리 지음/ 오숙은 옮김/ 주니어김영사

끔찍한 역사 퀴즈/ 테리 디어리 지음/ 김은숙 옮김/ 주니어김영사

중화요리에 담긴 중국/ 고광석 지음/ 매일경제신문사

문명의 씨앗, 음식의 역사/ 찰스 B. 헤이저 2세 지음/ 장동현 옮김/ 가람기획

술의 역사/ 피에르 푸케 등 지음/ 정승희 옮김/ 한길사

세계를 속인 200가지 비밀과 거짓말/ 데이비드 사우스웰 지음/ 안소연 옮김/ 이마고

북유럽 신화/ 케빈 크로슬리 홀런드 지음/ 서미석 옮김/ 현대지성사

〈베오울프〉 외/ 김석산 번역/ 탐구당

세상에서 가장 재미있는 세계사 1/ 래리 고닉 글, 그림/ 이희재 옮김/ 궁리출판

역사는 수메르에서 시작되었다/ 새뮤얼 노아 크레이머 지음/ 박성식 옮김/ 가람기획

술기로운 세계사/ 명욱 지음/ 포르체

위스키 증류소 세운 조지 워싱턴/ 신동아/ 2011.4.20./ 김원곤

[남기고] 고건의 공인 50년 (56) 박 대통령의 술/ 중앙일보/ 2013.5.2./ 조현숙

풀뿌리 제국주의 일본/ 중앙일보/ 2012.9.3./ 남윤호

'중국-대만 화약고' 진먼다오, 영구 비무장지대 추진/ 연합뉴스/ 2023.2.7./ 인교준

바빌로니아 왕국의 맥주홀 풍경/ 이데일리/ 2008.8.25./ 강동완

코카콜라 제쳤다, 시가총액 세계 1위 음료회사/ 조선일보/ 2023.8.25./ 성유진

수메르인이 알려 주는 술장사의 기본…"외상값 잘 챙겨라"/ 한국경제/ 2021.10.14./ 명욱

인류 최초의 술은 무엇이었을까?/ 세계일보/ 2020.5.23./ 명욱

부르고뉴, 잔 다르크를 죽음으로 내몰다/ 세계일보/ 2020.12.12./ 명욱
대한성서공회 https://www.bskorea.or.kr/
영어 위키피디아 https://en.wikipedia.org/wiki/Main_Page
러시아 위키피디아 https://ru.wikipedia.org/wiki/
조선왕조실록 https://sillok.history.go.kr/main/main.do
한국고전종합DB https://db.itkc.or.kr/
중국 바이두 백과 https://baike.baidu.com/
가디언지 https://www.theguardian.com/GWeekly/Story/0,3939,778391,00.html
엔피알 https://www.npr.org/2008/09/08/94320922/bacardi-biography-details-the-fight-for-cuba
터불런트 타임즈 https://therumhowlerblog.com/extras/ron-bacardi-cuba-turbulent-times/
더 스플렌디드 테이블 https://www.splendidtable.org/story/2015/12/18/a-brief-history-of-port
뉴욕 타임즈 https://www.nytimes.com/1994/03/01/obituaries/jose-m-bosch-95-bacardi-rum-chief-for-three-decades.html?auth=login-google1tap&login=google1tap

• 그림 및 사진

위키미디어 https://commons.wikimedia.org/wiki/Main_Page
독일 베를린 고대 근동 박물관
독일 베를린 노이에스 박물관
미국 의회 도서관
명인 안동소주
대한민국역사박물관

세계의 역사를 뒤바꾼 22가지 술 이야기

술맛 나는 세계사

1판 1쇄 2024년 1월 29일
1판 2쇄 2024년 6월 17일

지은이 도현신
펴낸이 유경민 노종한
책임편집 이지윤
기획편집 유노책주 김세민 이지윤 **유노북스** 이현정 조혜진 권혜지 정현석 **유노라이프** 권순범 구혜진
기획마케팅 1팀 우현권 이상운 **2팀** 이선영 김승혜 최예은
디자인 남다희 홍진기 허정수
기획관리 차은영
펴낸곳 유노콘텐츠그룹 주식회사
법인등록번호 110111-8138128
주소 서울시 마포구 월드컵로20길 5, 4층
전화 02-323-7763 **팩스** 02-323-7764 **이메일** info@uknowbooks.com

ISBN 979-11-7183-009-1 (03900)
• — 책값은 책 뒤표지에 있습니다.
• — 잘못된 책은 구입한 곳에서 환불 또는 교환하실 수 있습니다.
• — 유노북스, 유노라이프, 유노책주는 유노콘텐츠그룹의 출판 브랜드입니다.